礼记选译

修订版

译注 朱正义 林开甲
审阅 宗福邦

古代文史名著选译丛书

主编 章培恒 安平秋 马樟根

凤凰出版传媒集团 凤凰出版社

图书在版编目（CIP）数据

礼记选译 / 朱正义，林开甲译注. -- 南京：凤凰出版社，2011.5
（古代文史名著选译丛书）
ISBN 978-7-5506-0328-8

Ⅰ.①礼… Ⅱ.①朱… ②林… Ⅲ.①礼仪－中国－古代 Ⅳ.①K892.9

中国版本图书馆CIP数据核字(2011)第045912号

书　　名	礼记选译
译 注 者	朱正义　林开甲
责任编辑	汪允普
出版发行	凤凰出版传媒集团
	凤凰出版社（原江苏古籍出版社）
	南京市中央路165号　邮编 210009
	发行部电话 025-83223462
集团网址	凤凰出版传媒网　http://www.ppm.cn
照　　排	江苏凤凰制版有限公司
印　　刷	江苏凤凰扬州鑫华印刷有限公司
	扬州市江阳工业园蜀岗西路9号　邮编 225008
开　　本	960×1304毫米　1/32
印　　张	10.375
字　　数	168千字
版　　次	2011年5月第1版　2011年5月第1次印刷
标准书号	ISBN 978-7-5506-0328-8
定　　价	22.00元

（本书凡印装错误可向承印厂调换，电话：0514-85868858）

《古代文史名著选译丛书》编委会

顾　问

周　林　　邓广铭　　白寿彝

主　编

章培恒　　安平秋　　马樟根

编　委

（均按姓氏笔划多少排列）

马樟根　平慧善　安平秋　刘烈茂　许嘉璐
李国祥　金开诚　周勋初　宗福邦　段文桂
董治安　倪其心　黄永年　章培恒　曾枣庄

（以上为常务编委）

王达津　吕绍纲　刘仁清　刘乾先　李运益
杨金鼎　曹亦冰　常绍温　裴汝诚

（以上为编委）

《古代文史名著选译丛书》修订版
出版说明

呈献在读者面前的这套《古代文史名著选译丛书》是2011年的修订版。全书共134册,包括了中国从先秦至清末两三千年间的著名典籍。每部典籍都选其精粹(《论语》《老子》则全文收录),收录原文,加以简明的注释,力求准确地译为现代汉语,并于每一篇之前写有对该文的提示性说明。这是近一个世纪以来,规模最大、收录种类相对齐全、译注质量较高的一套普及传统文化的今译丛书。

这套丛书,原在1992年—1994年由巴蜀书社分三批出齐,印行过万套;不久,又由台湾的出版机构买去海外版权在台湾及海外发行,可见这套丛书当年在两岸受欢迎的程度。时隔17年,丛书编委会决定重新修订,改由江苏凤凰出版集团所属的凤凰出版社出版。

  这套丛书是由教育部属下的全国高等院校古籍整理研究工作委员会(简称古委会)于1985年策划的。古委会组织了全国18所大学的古籍整理研究所的所长任编委会编委,由我们三人任主编,在全国范围内选请学有专长的学者承担各书的译注。从1986年—1992年,历时7年完成。当时,编委会制订了严明、可行的体例和细则,译注者按要求完成书稿。每部书稿完成后,都在全国范围内请编委会之外的专门研究这一学术领域的两位专家初审,合格后再请两位编委参照初审意见审改,然后退还原译注者改正。待原译注者改正后,再由编委会集中常务编委和部分编委、相关专家在一地将每部书稿从头至尾审改。这样的集中审稿会一般都在8—15天,7年中开了12次审改会。审改后,三位主编再集中在一起逐一审定,交付出版社。这一工作程序,使得这套丛书的译注质量有了一定的提高。所以,这套丛书,在一定程度上是个人与多人合作的结果。关于这套丛书的编纂始末,我们曾在1992年4月全书交稿后写有一篇文章,这次附在修订版书末,便于读者了解。

这次修订，是交由原译注者自己修改。少数译注者已去世，则书稿一仍其旧。个别译注者已联系不上，也保持原貌。

1992年—1994年出版时，书前有当时古委会主任周林先生写的序。周林先生是这一丛书的发起者。他已于1997年6月去世，至今已14年了。为了尊重历史，也为了纪念他，修订版仍用他的序。

我们三人在1985年—1992年主持这套丛书工作时，年龄大的是从51岁到58岁之间，年龄小的是从44岁到51岁之间，那时尚有精力组织、参与这一工作，今天我们都已年逾古稀。全书修订版出版之际，心情似乎比当年更惴惴不安地期待着读者的评头品足，期待着不要对读者贻误太多。

回想这套丛书，真应该感谢我们的祖先为我们留下了这样深厚、丰富的思想、文化遗产，使我们今天仍然受用无穷。应该感谢这套丛书的全体译注者、审阅者、编委和当年的出版者巴蜀书社、今天的出版者凤凰出版社，是他们的学识、辛勤与真诚使得这套丛书得以面世。

章培恒　马樟根　安平秋
2011年3月15日

序

《古代文史名著选译丛书》与广大读者见面了。这是丛书编委会的同志与众多专家学者通力协作、辛勤耕耘的结果。

中华民族在五千年漫长的岁月里,创造了光辉灿烂的文化,给人类留下了丰富的精神财富。"观今宜鉴古,无古不成今"。今天,以马克思主义的科学理论为指导,整理研究我国古代文化典籍,做到汲取精华,剔除糟粕,古为今用,推陈出新,使人们在正确认识民族历史的同时,得到爱国主义的教育,陶冶道德情操,提高全民族的文化素质,促进社会主义文化的繁荣,使文明古国的历史遗产得以发扬光大,这是我们每个炎黄子孙的责任。而要做到这样，对古籍进行整理与研究是重要的基础工程。但是，整理与研究古籍仅作标点、校勘、注释、辑佚还不够，还要有今译，使老年人、中年人、青年人都愿意去读，都能读懂，以便从中得到教益。

　　基于以上认识，全国高等院校古籍整理研究工作委员会于1986年5月组成了以章培恒、安平秋、马樟根三位同志为主编的《古代文史名著选译丛书》编委会，确定了以全国十八所大学的古籍整理研究所为主力承担这一看似轻易、实则艰巨的今译任务。在第一次编委会议上，拟定了《凡例》、《编写与审稿要求》、《文稿书写格式》和一百余种书目。以每一种书为十万至十五万字计算，这套丛书大约有一千余万字，应该说是一项大工程。经过一年的努力，完成了第一批三十六部书稿的译注任务。在各研究所的专家与所长把关的基础上，于1987年5月和7月，先后在复旦大学、北京大学召开了部分编委参加的审稿会，通过了二十五部书稿，作为《古代文史名著选译丛书》与广大读者见面的第一批作品。与此同时，在1987年7月6日，邀请了在京的十几位专家教授与编委会十几位编委一起座谈这套丛书与古籍今译的问题。专家们肯定了今译工作的必要性与深远意义,并以他们数十年的教学科研和创作的经验,说明今译是一项难度很大的工作,是培养人才,使之打下坚实基本功的一种有效方法;专家们还对《古代文史名著选译丛书》提出了宝贵的建议,这对当时的审稿工作和保证《丛书》的质量起了很好的作用。

  实践证明,古籍的今注不易,今译更难。没有对作品的深入、透彻的研究,没有准确、通俗、生动的语言表达能力,要想做好今译是不可能的。两年多来,全国高等院校古籍整理研究工作委员会在探索古籍的今注、今译的道路上,做了一些工作。这部丛书的出版,是系统今译的开始,说明古籍整理研究工作有了新的进展。更可喜的是,一批中青年学者参加了今注今译工作,为古籍整理增添了新生力量,相信他们会在实践中,在学习中,成长成熟。我希望,这套丛书的编委会和高校各古籍整理研究所要敞开大门,加强同国内外专家学者的联系,征求他们和广大读者的意见,并向有真才实学而又适宜做今译工作的专家学者约稿,以提高古籍译注的水平,使《古代文史名著选译丛书》的第二批、第三批作品的质量更上一层楼。

这是一套以文史为主的大型的古籍名著今译丛书。考虑到普及的需要,考虑到读者对象,就每一种名著而言,除个别是全译外,绝大多数是选译,即对从该名著中精选出来的部分予以译注,译文力求准确、通畅,为广大读者打通文字关,以求能读懂报纸的人都能读懂它。我希望这套丛书能成为中小学教师的语文、历史教学的参考书,成为大专院校学生的课外读物,成为广大文史爱好者的良师益友。由于系统的古籍今译工作还刚刚起步,这套丛书定会有不少缺点、错误,也诚恳地希望读者批评指正。

巴蜀书社要我为这套丛书写序,我欣然接受了。我相信这套丛书不仅会使八十年代的人们受益,还将使子孙后代受益,它将对祖国的繁荣昌盛起到点滴的作用。最后借此机会向曾给予我们支持、帮助的专家学者和巴蜀书社的同志表示衷心的感谢!并殷切地希望台湾同胞、港澳同胞、海外侨胞和我们一同做好祖先留给我们的文化遗产的整理工作,为中华民族灿烂的文化再放异彩而努力!

周 林

1987年10月于北京

目 录

前言 …………………………………… 001

贤者狎而敬之 …………………………… 001

晋献公杀世子申生 ……………………… 003

鲁庄公及宋人战于乘丘 ………………… 007

曾子易箦 ………………………………… 010

子夏丧其子而丧其明 …………………… 013

君子不家于丧 …………………………… 016

有子之言似夫子 ………………………… 018

成子高寝疾 ……………………………… 021

公子重耳对秦客 ………………………… 023

太宰嚭使于师 …………………………… 026

杜蒉扬觯 ………………………………… 029

公叔文子卒 ……………………………… 033

陈子亢止殉葬	035
卫献公出奔	037
战于郎	039
苛政猛于虎	041
鲁人有周丰者	043
不食嗟来之食	046
晋献文子成室	048
尽饰之道，斯其行者远矣	050
阳门之介夫死	052
赵文子与叔誉观乎九原	054
孔子论"大同"、"小康"之治	057
昔者先王未有宫室	062
化民成俗其必由学乎	065
玉不琢，不成器	067
教学相长	069
大学之道	071
大学始教	074
不学操缦，不能安弦	077
今之教者	080
大学之法	082
学者有四失	085
善教者使人继其志	087
择师不可不慎	089

凡学之道,严师为难 …………………………… 091

进学之道 ……………………………………… 093

记问之学不足以为人师 ………………………… 095

良冶之子必学为裘 ……………………………… 097

古之学者比物丑类 ……………………………… 099

大德不官 ………………………………………… 101

凡音之起 ………………………………………… 103

乐者,音之所由生也 …………………………… 105

礼乐刑政,其极一也 …………………………… 107

声音之道,与政通矣 …………………………… 109

乐者,通伦理者也 ……………………………… 111

礼节民心,乐和民声 …………………………… 114

乐者为同,礼者为异 …………………………… 116

乐由中出,礼自外作 …………………………… 118

乐者,异文合爱者也 …………………………… 120

乐者,天地之和也 ……………………………… 123

王者功成作乐 …………………………………… 125

观其舞知其德 …………………………………… 127

教者,民之寒暑也 ……………………………… 129

乐可以善民心 …………………………………… 131

夫民有血气心知之性 …………………………… 132

土敝则草木不长 ………………………………… 134

乐行而民乡方 …………………………………… 136

唯乐不可以为伪 …………………………… 140

德成而上，艺成而下 …………………… 142

君子听音 …………………………………… 144

礼乐不可斯须去身 ……………………… 147

先王立乐之方 …………………………… 150

师乙论乐 …………………………………… 154

君子有三患五耻 ………………………… 158

一张一弛，文武之道也 ………………… 160

入其国，其教可知也 …………………… 162

天子者，与天地参 ……………………… 165

安上治民，莫善于礼 …………………… 168

礼之教化也微 …………………………… 171

政者，正也 ……………………………… 173

何谓敬身 …………………………………… 175

率性之谓道 ……………………………… 177

舜其大知也与 …………………………… 180

施诸己而不愿，亦勿施于人 …………… 182

行远自迩，登高自卑 …………………… 185

好学、力行、知耻 ……………………… 187

凡为天下国家有九经 …………………… 189

博学之，审问之 ………………………… 193

今夫天，斯昭昭之多 …………………… 195

君子之道 …………………………………… 197

君子隐而显 …………………………………… 201

君子不失足于人 ……………………………… 203

君子不自尚其功 ……………………………… 204

君子不以辞尽人 ……………………………… 206

为上易事 ……………………………………… 210

好贤如《缁衣》 ……………………………… 212

夫民教之以德 ………………………………… 214

上之所好恶不可不慎也 ……………………… 216

王言如丝，其出如纶 ………………………… 218

君子道人以言 ………………………………… 220

为上可望而知也 ……………………………… 222

上不可以亵刑而轻爵 ………………………… 225

民以君为心 …………………………………… 227

唯君子能好其匹 ……………………………… 229

君子寡言而行 ………………………………… 231

鲁哀公问于孔子 ……………………………… 233

儒有席上之珍以待聘 ………………………… 236

儒有衣冠中 …………………………………… 238

儒有居处齐难 ………………………………… 240

儒有不宝金玉 ………………………………… 242

见利不亏其义 ………………………………… 244

儒有可亲而不可劫也 ………………………… 246

儒有忠信以为甲胄 …………………………… 248

儒有一亩之宫 ……………………………	250
身可危也，而志不可夺也 ………………	252
儒有博学而不穷 …………………………	254
儒有内称不辟亲 …………………………	256
儒有闻善以相告也 ………………………	258
儒有澡身而浴德 …………………………	260
儒有上不臣天子 …………………………	262
儒有合志同方 ……………………………	264
温良者，仁之本也 ………………………	266
儒有不陨获于贫贱 ………………………	268
孔子至舍 …………………………………	270
君子必诚其意 ……………………………	271
修身在正其心 ……………………………	274
齐其家在修其身 …………………………	276
治国必先齐其家 …………………………	278

编纂始末 ………………………………	001
丛书总目 ………………………………	001

前　言

《礼记》四十九篇，又称《小戴礼记》、《小戴礼》、《小戴记》，西汉戴圣撰集。戴圣，字次君，梁国（今河南睢阳）人，生、卒年已不可考，据《汉书·儒林传》所载，他与汉宣帝（公元前73—前49年在位）同时，是著名的经学家。戴圣和他的叔父戴德都是礼学大师后仓的学生，世称为小戴、大戴。戴圣曾以博士的身份参加过甘露三年（前51）汉宣帝主持的在长安皇宫里的石渠阁举行的五经同异讨论会，并担任会议记录的整理工作。其后，官至九江郡太守。他的著述，留传至今的就是这部《礼记》；此外尚有《石渠礼论》四卷（见《隋书·经籍志》），即石渠会议的纪要。据清代学者考证，认为《石渠礼论》一书也就是《汉书·艺文志》六艺类礼家《议奏》三十八篇（班固自注：石渠）。只是《石渠礼论》久已散佚，清人马国翰就他书所引广为搜辑，共得二十余条，收入《玉函山房辑佚书》中。另外，东汉许慎的《五经异义》、郑玄的《驳〈五经异义〉》中也保存着戴圣阐发《仪礼》的一些议论。

西汉人称某些重要的古书为"经"，把解释说明"经"的书叫作"传"、"记"、"说"。因此，"礼记"这一书名的原义是：对《礼经》（即《仪礼》，汉代又称《士礼》或《礼》）的解说。本来，汉儒在传授经学的时候，除了讲解经典本文，还传习一些有关的古书篇章和前人的说解材料，目的在于使学生加深对经义的理解（这与后世的大学教学，在教材讲义之外，还印发或开列参考资料有相似之处）。这样，附随经典的记、说一类的材料也就得以流传了。即以《礼经》而论，有关的记、说，据《汉书·艺文志》著录，有：

《记》百三十一篇

《明堂阴阳》三十三篇

《王史氏》二十一篇

《曲台后仓》九篇

《中庸说》二篇

《明堂阴阳说》五篇

另外,唐代陆德明《经典释文·叙录》引西汉刘向《别录》,尚有:

《古文记》二百四篇

以上这几种,应该说多数都是皇家图书馆(即所谓"秘府"、"中秘")所藏。因为当时礼学盛行,学者手头所有的此类参考资料,数量当更多。可以推测,在二戴之前,关于礼制的传记之属的著作已有不少了。

戴德、戴圣叔侄俩各自对这些原先可能是比较散乱的材料进行了筛选、整理、编撰。戴德所撰八十五篇,世称《大戴礼记》;戴圣所撰四十九篇则称《小戴礼记》。(按:二戴撰书,对传礼资料各有取舍,自定篇目,互不相袭。前人或谓"戴圣删《大戴礼》为四十九篇",或谓"……戴圣又删大戴之书为四十六篇,谓之《小戴记》;汉末马融遂传小戴之学,又益《月令》一篇、《明堂位》一篇、《乐记》一篇,合四十九篇",并为误说,清人毛奇龄、王聘珍及《四库全书总目提要》已斥其谬。)《小戴礼记》自东汉末年著名的经籍文献学家郑玄作注之后盛行不衰,编入"十三经"。而《大戴礼记》的流传则若断若续,到唐代就佚失了四十六篇,仅有三十九篇保存了下来。

今天我们所见到的《礼记》(即《小戴礼记》),按照传统的说法,一般认为它就是西汉后期成于戴圣之手的《礼记》原书。近代以来有的学者对此提出了不同的看法,因为问题比较复杂,这里就不作讨论了。

《礼记》就其性质来说,是一部儒家思想的资料汇编。其中各篇的作者不止一人,写作时间也有先后之别,大体上是杂采孔子七十二弟子及其后学的作品,兼收其他先秦旧籍而成书。据前人研究,《祭法》首、末两段取《国语·鲁语》而变化之;《中庸》、《表记》、《坊记》、《缁衣》各篇取自《子思子》;《乐记》取自《公孙尼子》;《三年问》取自《荀子·礼论》;《月令》取自《吕氏春秋》十二纪各篇之首章。以时代来说,主要是战国人的著作,最晚的是公元前二世纪、西汉初年文帝令博士所作的《王制》。

《礼记》全书四十九篇(其中《曲礼》、《檀弓》、《杂记》因篇幅较长,各分为上、下两篇),共约九万字,内容浩博,门类繁杂。如果按现代科学的分类来讲,《礼记》所涉及的领域也是相当广阔的,自政治、法律、伦理、哲学、教育、历史、祭祀、音乐、文学、民俗、建筑、衣饰、器物、饮食到天文、历法、气象、地理、生物等等,可以说是包罗万象。当代学者张舜徽先生在他的《郑学丛著》一书的《郑学叙录》里,将《礼记》的内容概括为六个方面,语极简洁而中肯:

……其中很多发挥丧服的文字,为研究宗法制者所不可忽视。此外如《曲礼》、《内则》、《少仪》,可以考知古代生活习惯;《学记》、《经解》,可以推见教育原理;《礼运》、《礼器》、《乐记》,说明了古代礼乐的效用;《中庸》、《大学》,发挥了政治伦理的思想。至于《冠义》、《昏义》、《乡饮酒义》、《燕义》、《聘义》诸篇,更是《仪礼》的说明书。

在今天,我们要研究上古社会和传统文化、儒家思想,进行东西方文明对比的考索,《礼记》无疑是一部必须重视的宝贵资料。

在中国文学史上,《礼记》一书也具有相当的价值。《檀弓》的作者,善于通过短小的故事说明某个道理,往往用几句对话就能使不同性格的人物形象跃然纸上，言简意深，隽永耐读。这和战国诸子中的寓言有类似之处，同是精妙的叙事小品。后世的笔记小说，可以说就是从这里受到了启发。至于像"苛政猛于虎"、"战于郎"、"太宰嚭使于师"、"陈子亢止殉葬"等故事所表现的反苛政、反侵略、反殉葬的思想，则闪耀着人道主义的光华，在历史上自有其进步意义。

另外，《礼记》还收有大量的格言，精辟而警策。如：

上不怨天，下不尤人①。（《中庸》）
凡事豫则立，不豫则废②。（《中庸》）
君子之接如水，小人之接如醴③。（《表记》）
礼尚往来，往而不来，非礼也。（《曲礼》）

这些言近而旨远的话，哲理性强，很可以启发人的智慧。

在过去封建时代，《礼记》被认为是"学术、治

---

① 尤：怨恨。　② 豫：同"预"。　③ 醴（lǐ）：一种带甜味的淡酒。

术，无所不包"①，因此受到历代统治者和儒士们的高度重视，流传经久不衰。追溯其源，首先是汉末郑玄给《礼记》作了简明而精当的注释，使之与《仪礼》、《周礼》鼎足而三，合称"三礼"。也就是说，由于郑玄的整理工作，才使《礼记》的地位从经典的附庸上升为"正经"。其后，三国的魏、蜀以至晋初，均立三礼于学官，晋元帝更立《礼记》郑氏博士。梁武帝作《礼记大义》十卷。唐初，太宗命孔颖达等撰《五经正义》②，《礼记》便居其一。从北宋到清末，《礼记》也被列为十三经之一。至于《礼记》中的一些重要篇目，也从很早以前就有人作专门研究。南宋理学家朱熹作《四书章句》，特将《礼记》里的《大学》、《中庸》二篇收入，而且置于《论语》、《孟子》之前。此后八百年间，《四书》内容一直被列为科举考试的题目，成为天下士子们的必读书。

在历史上，《礼记》这部书对中国(乃至日本、朝

---

① 皮锡瑞：《经学历史·经学统一时代》。学术，泛指文教。治术，政治。　② 五经：此指《周易》、《尚书》、《毛诗》、《礼记》、《春秋左传》。又，唐代以"九经"取士，所谓九经，即五经之外，加上《周礼》、《仪礼》、《公羊传》、《谷梁传》。宋以后所称的"十三经"，在九经之外，尚有《孝经》、《论语》、《尔雅》、《孟子》。

鲜以及东南亚）的思想界产生了深远的影响。《大学》《中庸》所表述的政治伦理哲学，经过孟子的发挥，形成了儒家的思孟学派①，魏晋隋唐之际又逐步消化吸收道家思想和外来思想（主要是佛教禅宗）的材料，演化为宋明程朱理学②。过去两千多年间，这一唯心主义思想体系在统治阶级的大力提倡下，一直是中国封建社会的精神支柱。而在中古的唐代，思想家、文学家韩愈也曾在《原道》一文里用《大学》"修身、齐家、治国、平天下"的理论来对抗佛教的宗教唯心主义，以维护君君、臣臣、父父、子子的封建伦常。到了鸦片战争之后，农民起义领袖洪秀全、资产阶级改良主义思想家康有为，都曾以《礼运》里提出的"大同"世界，作为建立理想社会的依据。至于历史上那些刚正不阿、为民请命、杀身成仁、舍生取义的志士，从某一方面讲，可以说是受到了《儒行》精神的激励。总之，《礼记》在过去对中华民族的思想、品格、心态的影响是复杂的、多方面的，不可一概而论。我们应该采取马克思主义的历

---

① 思孟：思即子思，孔子的孙子孔伋的字。孟，孟轲。
② 程朱：程即程颐、程颢兄弟，北宋理学家。朱，朱熹。

史唯物主义观点,给以科学的评价,剔除其糟粕,吸收其精华。

历代注释《礼记》的书很多。郑玄之后,唐初孔颖达依据郑注,参酌南朝梁皇侃、北魏熊安生之说,作《礼记正义》七十卷,最为详审,被誉为"词富理博,说礼之家钻研莫尽"①。北宋卫湜有《礼记集说》一百六十卷,以材料详赡著称。清人的著述中,王夫之《礼记章句》、王引之《礼记述闻》(在《经义述闻》中)、朱彬《礼记训纂》、孙希旦《礼记集解》等,对前人的误说多所纠补,时有可取之处。现代学者中,台湾王梦鸥《礼记校证》、《礼记今注今译》,日本明治书院所刊"新释汉文大系"内收竹内照夫对《礼记》的译注,均可参看。对《礼记》一书内单篇的研究,自东汉以来,多不胜数。今人傅任敢《学记译述》(新知识出版社,1957年版),顾树森《学记今译》(人民教育出版社,1957年版),张守基《学记注译评》(青海人民出版社,1984年版),吉联抗《乐记译注》(人民音乐出版社,1980年版),观点较新,且各有独到之处。

---

①《四库全书总目提要》。

本书是从《礼记》中选取一些通论性质的篇章（其中相当一部分是传诵较广的名篇名句）予以译注。选出的原文字数不到二万，仅及全书的五分之一。注释大多依从郑注孔疏，也尽量吸收了后人的研究成果。在个别地方，我们觉得过去的说法不够妥当而提出自己的看法。译文一般采取直译，力图表现出原作的风格、特色。

书中《礼记》原文所依据的版本是清代阮元主持校刻的《十三经注疏》（中华书局1979年影印世界书局本），也参用了阮氏的《校勘记》。

在注译过程中，董治安教授多所指导，并审阅了书稿。裘锡圭教授在初稿审订中提出了很好的批评和修改意见。对两位先生的关怀和帮助，我们非常感激，谨志谢忱。

由于笔者学力有限，翻检不周，疏漏错讹在所不免，敬祈专家及读者批评指正。

朱正义（山东大学古籍整理研究所）
林开甲（山东大学出版社）

贤者狎而敬之

选自《曲礼》上。《曲礼》记载了古代儒家关于各种礼仪制度的言论,旨在宏扬礼教,使人修身善行。

这一节述及作人和治学应持的态度,言精义深,值得体味。

贤者狎而敬之①,畏而爱之②。爱而知其恶,憎而知其善。积而能散,安安而能迁③。临财毋苟得④,临难毋

---

① 贤者:有道德、有才能的人。狎:亲近。 ② 畏:敬畏,心服。 ③ 安安:前者是动词,指安心,满足;后者是名词,指平安的境遇。 ④ 临:面对。苟:苟且。

苟免。很毋求胜①,分毋求多。疑事毋质②,直而勿有③。

【翻译】
　　对于贤能的人要亲近并尊重他,敬畏并爱戴他。喜爱一个人,但要知道他的恶德;憎恶一个人,但要知道他的善行。积蓄了财物,但能分散济贫;对平安的境遇感到满足,但能居安思危,及时迁移。面对财物不要苟且获得,面对危难不应苟且逃避。争讼不要求胜,分财物不应求多。对自己不懂的事情不要忙着下结论;对问题有正确的看法,但应归功于师友,而不应据为己有。

① 很:争讼。　② 质:判定,下结论。　③ 直:正确。

晋献公杀世子申生

　　选自《檀弓》上。《檀弓》是《礼记》中富有文学色彩的篇章，其内容主要是记述儒家人物的言论和事迹，目的固然在于阐扬礼教，但言辞简洁而蕴蓄，在古代文学作品中自有其独特的风格。

　　本文写晋献公听信骊姬谗言，欲杀太子申生，申生却笃守孝道，敬顺事父，自尽身亡。

晋献公将杀其世子申生①。公子重耳谓之曰②:"子盖言子之志于公乎③?"世子曰:"不可。君安骊姬,是我伤公之心也。"曰:"然则盖行乎?"世子曰:"不可。君谓我欲弑君也④。天下岂有无父之国哉?吾何行如之⑤?"使人辞于狐突曰:"申生有罪,不念伯氏之言也,以至于死⑥。申生不敢爱其死。虽然,吾君老矣,子少⑦,国家

礼记选译

① "晋献公"句:据《左传·僖公四年》及《国语·晋语二》记载,晋献公宠爱骊姬,骊姬想立自己的儿子奚齐为太子,便设计陷害太子申生,诬陷申生欲毒杀父亲。献公轻信谗言,因而要杀害申生。晋,西周至战国时诸侯国名,姬姓,中心地域在今山西南部。献公,晋国国君,名诡诸。世子,即太子,古代国君的嫡长子,是君位的继承者。 ② 公子重(chóng 虫)耳:申生的异母兄弟,后即位,称晋文公,为春秋五霸之一。 ③ 盖(hé 何):通"盍",为"何不"的合音词。 ④ 弑:古时把臣杀君或子杀父称作弑。 ⑤ "吾何"句:行,指逃奔。如,连接词,用法同"而"。之,往。这句是说:我背上了杀父的罪名,即使能逃离晋国,可是往哪里去安身呢? ⑥ "使人"四句:据《左传·闵公二年》及《国语·晋语一》,骊姬欲危害申生,狐突深知骊姬擅宠,将危及太子,扰乱国家,因而劝申生出国避害,但申生没有听取狐突的劝告。现在申生追念往昔拒纳忠谏,终于招来杀身之祸,所以派人致辞于狐突。狐突,申生的师傅,字伯行,故又称之为伯氏。 ⑦ 子:指骊姬之子奚齐。

多难,伯氏不出而图吾君①。伯氏苟出而图吾君②,申生受赐而死③。"再拜稽首④,乃卒⑤。是以为恭世子也⑥。

【翻译】

　　晋献公将要杀死他的太子申生。公子重耳对申生说:"你为什么不对父亲表白自己的心迹呢?"太子说:"不行。国君因骊姬而得安乐,如果我说明遭受谗害的真情,定会除掉骊姬,使国君得不到安乐,这就是我在伤他的心了。"重耳说:"既然如此,那为什么不逃走呢?"太子说:"不行。君父说我企图杀害他,天下难道能有无父之国吗?我即使能够逃离晋国,可是往哪里去安身呢?"申生派人向狐突告别说:"申生有罪,是因为没有考虑伯氏的忠告,以至于难免一死了。我不敢吝惜生命,惧怕一死。虽然如此,但国君年老,爱子幼弱,国家有许多忧患,你又不出来为国君谋划国事。你如果肯出来为国君

---

　　①"伯氏"句:因为骊姬加紧了对申生的谗害,狐突为避祸而杜门不出(事见《国语•晋语一》)。所以这里说他"不出而图吾君"。图,谋划。　②苟:如果。　③赐:恩惠。　④再拜:连拜两次。稽(qǐ起)首:古时隆重的叩拜之礼。　⑤卒:死。　⑥恭世子:古代帝王、贵族、大臣等死后,根据其生前事迹给予一定的称号,叫作谥(shì是)号。恭世子,就是太子申生死后给予他的谥号。古代谥法,敬顺事上为"恭"。

谋划国事,我就是得到了你的恩赐,死而无憾了。"申生拜了两拜,叩头行礼,然后自尽身亡。因此,称他为"恭世子"。

鲁庄公及宋人战于乘丘

选自《檀弓》上。文中写鲁、宋乘丘之战中，鲁庄公的御者县贲父和车右卜国英勇战死的事迹，颂扬了他们引咎自责的精神。

鲁庄公及宋人战于乘丘①，县贲父御②，卜国为

---

① 鲁：西周至战国时诸侯国名，姬姓，在今山东曲阜一带。庄公：鲁国国君，名同。宋：西周至战国时诸侯国名，子姓，在今河南省东部及山东、江苏、安徽三省之间。乘（shèng胜）丘：鲁国地名。鲁、宋乘丘之战发生在鲁庄公十年（前684）。② 县（xuán悬）：姓氏。贲（bēn奔）父：名。御：驾驭车马。

右①。马惊,败绩②。公队③,佐车授绥④。公曰:"末之⑤,卜也!"县贲父曰:"他日不败绩,而今败绩,是无勇也!"遂死之。圉人浴马⑥,有流矢在白肉⑦。公曰:"非其罪也。"遂诔之⑧。士之有诔⑨,自此始也。

【翻译】

　　鲁庄公和宋国军队在乘丘交战,县贲父给他驾驭车马,卜国担任车右。马受惊狂奔起来,兵车脱离了行列并翻倒了。庄公从车上摔了下来,副车上的人递给他绳索,救他上了车。庄公说:"没有勇力呀,卜国!"县贲父说:"以往不曾马惊车翻,今天弄成这样子,是怪我们没有勇力呀!"于是二人赴敌战斗而死。战事结束后,圉人给马洗浴,发现有流箭射进了马大腿内侧的肉中。庄公知道了,说道:"原来是马惊而

---

① 右:即车右。古代车战时,在将帅的指挥车上,将帅居中自掌旗鼓,御者居左,勇武有力之人居右,以保护将帅,兼备倾侧,称作车右。 ② 败绩:失败,这里指车马翻倒。 ③ 队(zhuì坠):同"坠",坠落。 ④ 佐车:即副车,其职责是辅助将帅所乘的戎车。绥(suí随):挽手以上车的绳索。 ⑤ 末:指弱而无力。之:语气词,表感叹。 ⑥ 圉(yǔ语)人:养马的人。 ⑦ 流矢:流箭,乱飞的箭。白肉:大腿内侧的肉。 ⑧ 诔(lěi磊):追述死者的功德而作文表示悼念,有如今天的悼词。 ⑨ 士:介于大夫和庶民之间的阶层。

使我坠车，不是他们的罪过。"于是追述他们的功德，写诔文以示悼念。追述士的功德并写诔文表示悼念，就是从此开始的。

曾子易箦

选自《檀弓》上。曾子临终之时,坚持换去季孙赠送的席子,以求合于正礼。他持身严谨、慎终如始的精神,给人以深刻的印象。本文叙事细腻,人物对话亦颇传神。

曾子寝疾①,病②。乐正子春坐于床下③,曾元、曾申坐于足④,童子隅坐而执烛⑤。童子曰:"华而睆⑥,大夫

---

① 曾子:名参,字子舆,春秋南武城(在今山东枣庄市附近)人,孔子弟子。寝疾:卧病。 ② 病:指病势严重。 ③ 乐(yuè月)正子春:曾子的学生,乐正为氏。 ④ 曾元、曾申:曾子的儿子。 ⑤ 隅(yú鱼):墙角。 ⑥ 华:纹饰华丽。睆(huàn焕):光泽。

之箦与①?"子春曰:"止!"曾子闻之,瞿然曰②:"呼③!"曰:"华而睆,大夫之箦与?"曾子曰:"然。斯季孙之赐也④,我未之能易也。元,起,易箦。"曾元曰:"夫子之病革矣⑤,不可以变⑥,幸而至于旦⑦,请敬易之⑧。"曾子曰:"尔之爱我也不如彼⑨,君子之爱人也以德,细人之爱人也以姑息⑩。吾何求哉?吾得正而毙焉⑪,斯已矣⑫。"举扶而易之⑬,反席未安而没⑭。

【翻译】

曾子卧病在床,病势已很严重了。他的学生乐正子春坐在床下,儿子曾元、曾申坐在脚边,童子坐在墙角拿着烛火照明。童子说:"席子花纹这样华丽,这样光泽,是大夫所用的席子吧?"乐正子春说:"不要说了!"曾子听见了童子的话,猛然惊悟,叹息着:"呀!"童子又说:"席子花纹这样华丽,这样光泽,是大夫所用的席子吧?"

① 箦(zé责):床席。与(yú鱼):同"欤",语气词,表疑问。 ② 瞿(jù巨)然:惊惧的样子。 ③ 呼(xū虚):通"吁",叹息声。 ④ 斯:这。季孙:即季孙氏,鲁国大夫,世掌国政。 ⑤ 夫子:表尊敬的称呼。革(jí极):危急。 ⑥ 变:指移动。 ⑦ 幸:希望。 ⑧ 请:表示希望让自己作某事,犹言"请允许我"。 ⑨ 尔:你。彼:他,指童子。 ⑩ 细人:小人。 ⑪ 得正:合于正礼。 ⑫ 已:犹"可以"。 ⑬ 举:抬起。 ⑭ 反:通"返"。没(mò莫):通"殁",死亡。

曾子说:"是的。这是季孙送给我的,我没能把它换下来。元儿,扶我起来,把席子换了。"曾元说:"您老人家的病已很重了,不能移动,希望能等到天明,再让我恭敬地为您换掉它。"曾子说:"你爱我不如那童子。君子爱人是用道德,小人爱人是用无原则的宽容。我还要求什么呢?我能作到合于正礼而死,这就可以了。"于是大家抬起曾子,换了席子,又把他抬回床上,还没有安卧,他就去世了。

子夏丧其子而丧其明

选自《檀弓》上。子夏因儿子死了而哭得双目失明,曾子前往吊唁并批评了他,子夏当即承认了错误。这表现了儒家的"君子爱人以德"和知过必改的精神。

子夏丧其子而丧其明①。曾子吊之,曰:"吾闻之也:朋友丧明,则哭之。"曾子哭,子夏亦哭,曰:"天乎!予之无罪也②!"曾子怒曰:"商!女何无罪也③?吾与女事夫

---

① 子夏:即卜商,字子夏,春秋末卫国人,孔子弟子,曾为魏文侯师。 ② 予:我。之:助词。 ③ 女(rǔ汝):通"汝",你。

子于洙泗之间①,退而老于西河之上②,使西河之民疑女于夫子③,尔罪一也。丧尔亲,使民未有闻焉,尔罪二也。丧尔子,丧尔明,尔罪三也。"而曰:"女何无罪与?"子夏投其杖而拜曰:"吾过矣!吾过矣!吾离群而索居,亦已久矣!"

【翻译】

　　子夏死了儿子,因而哭得眼睛失明了。曾子去向他吊唁,说:"我听说:朋友的眼睛失明了,就要为他哭泣。"曾子哭了,子夏也哭了,说:"天哪!我没有罪过呀!"曾子愤怒地说:"卜商!你怎么没有罪呢?从前我和你在洙泗之间侍奉老师,一起接受他的教诲,你离开后在西河教学、做官直至告老,你自恃聪明而言不称师,使西河的人们把你的道德学问比作他老人家,这是你的第一条罪过。你的父母去世了,你居亲丧没有可以为人特别称道的事,这是你的第二条罪过。你死了儿子,就哭得眼

---

①　事:侍奉。夫子:孔门弟子对孔子的尊称。洙泗:洙水和泗水,古时二水流经鲁国境内,洙水在北,泗水在南,孔子曾于洙泗之间教授弟子。　②　西河:地名,战国时属魏国,在今陕西东部黄河西岸地区。　③　"使西"句:疑(nǐ 拟),通"拟",比拟。这句批评子夏自恃聪明,言不称其师,使西河的人们把他的道德学问比作孔子。

睛失明了,这是你的第三条罪过。"接着反问道:"你怎么没有罪呢?"子夏听了就扔掉手杖,连忙行礼说:"我错了! 我错了! 我离开同伴而孤独地生活,也太久了!"

君子不家于丧

选自《檀弓》上。子柳不借母丧之机得利发家,反对卖掉庶弟的母亲以备葬礼之用,表现了仁爱廉直的精神。

子柳之母死①,子硕请具②。子柳曰:"何以哉?"子硕曰:"请粥庶弟之母③。"子柳曰:"如之何其粥人之母④,以葬其母也?不可。"既葬。子硕欲以赙布之余具

---

① 子柳:鲁国人。 ② 子硕(shí 石):子柳的弟弟。具:备办,此指备办丧葬的器用。 ③ 粥(yù 玉):同"鬻",卖。庶弟:父亲的妾所生的儿子比自己年幼的,称作庶弟。 ④ 如之何:犹"怎么",表反诘。其:加强反诘语气。

祭器①。子柳曰："不可。吾闻之也：君子不家于丧②，请班诸兄弟之贫者③。"

【翻译】

　　子柳的母亲死了，弟弟子硕请求备办丧葬的器用。子柳说："用什么来备办呢？"子硕说："请允许卖掉庶弟的母亲。"子柳说："怎么能卖了他人的母亲，用这钱来埋葬自己的母亲呢？不行。"安葬以后，子硕想用他人送来助葬而多余的钱帛置办祭祀所用的器物。子柳说："不行。我听说：君子不借丧葬之机充实家用，请允许我把余下的钱帛分发给贫穷的兄弟吧。"

---

　　① 赙（fù富）布：送给丧家以助营葬的钱帛。　② 家：用作动词，指充实家用。　③ 班：分发。诸："之于"的合音词，"之"指余下的钱帛。

有子之言似夫子

礼记选译

选自《檀弓》上。文中记述有子、曾子和子游讨论孔子关于失去官职及丧葬之礼的言论。通过他们的讨论,可见孔子关于礼的观点,往往是针对现实提出的,而讨论其礼学思想,也应当采取有子的态度,从具体的历史环境出发。

有子问于曾子曰①:"闻丧于夫子乎②?"曰:"闻之矣:'丧欲速贫,死欲速朽。'"有子曰:"是非君子之言也。"曾子曰:"参也闻诸夫子也。"有子又曰:"是非君子

---

① 有子:即有若,字子有,春秋末鲁国人,孔子弟子。
② 闻:原作"问",据阮元《十三经注疏·礼记正义》校勘记改。丧(sàng 桑去声):失去官职。

之言也。"曾子曰:"参也与子游闻之①。"有子曰:"然。然则夫子有为言之也②。"曾子以斯言告于子游。子游曰:"甚哉!有子之言似夫子也!昔者夫子居于宋,见桓司马自为石椁③,三年而不成。夫子曰:'若是其靡也④,死不如速朽之愈也⑤。'死之欲速朽,为桓司马言之也。南宫敬叔反⑥,必载宝而朝。夫子曰:'若是其货也⑦,丧不如速贫之愈也。'丧之欲速贫,为敬叔言之也。"曾子以子游之言告于有子。有子曰:"然。吾固曰非夫子之言也⑧。"曾子曰:"子何以知之?"有子曰:"夫子制于中都⑨,四寸之棺,五寸之椁,以斯知不欲速朽也。昔者夫子失鲁司寇⑩,将之荆⑪,盖先之以子夏,又申之以冉有⑫,以斯知不欲速贫也。"

---

① 子游:即言偃,字子游,春秋末吴国人,孔子弟子。② 有为(wèi胃):有所指,有目的。 ③ 桓司马:即向魋(tuí颓),宋国司马。椁(guǒ果):古代富人用两重以上的棺木,在内称棺,在外称椁。 ④ 若是:如此。靡:奢侈,浪费。 ⑤ 愈:比较好。 ⑥ 南宫敬叔:即仲孙阅,字子容,春秋末鲁国人,孔子弟子。 ⑦ 货:贿赂。 ⑧ 固:本来。 ⑨ 制:订立制度。中都:鲁国地名,孔子曾任中都宰。 ⑩ 司寇:官名,管刑狱。 ⑪ 荆:楚国的别称。 ⑫ 申:再,重复。冉有:即冉求,字子有,春秋末鲁国人,孔子弟子。

【翻译】

　　有子向曾子问道:"在老师那里听说过关于失去官职的见解了吗?"曾子说:"听说了:失去官职就应早些贫穷,死去了就应尽快腐烂。"有子说:"这不是君子的话。"曾子说:"我是从老师那里听说的。"有子还是说:"这不是君子的话。"曾子说:"我是和子游一起听说的。"有子说:"看来是这么说过。但那是老师有所指而说的。"曾子把有子的话告诉了子游。子游说:"有子的话太像老师说的啦!过去老师住在宋国,看见桓司马给自己做石椁,三年还没有做成。老师就说:'他如此浪费,死了还不如快快腐烂了好些。'死去应尽快腐烂,这话是针对桓司马而说的。南宫敬叔丢了官职,离开了鲁国,后来回到鲁国,一定要用车装着宝物朝见国君。老师就说:'他如此行贿,丢了官还不如早些贫穷的好。'丢了官职应早些贫穷,这话是针对南宫敬叔说的。"曾子把子游的话告诉了有子。有子说:"这就对了。我本来就说这不是老师的话。"曾子说:"您怎么知道的?"有子说:"老师曾在中都订立制度,棺厚四寸,椁厚五寸,由此知道他不主张死去应尽快腐烂。过去老师失去了鲁国司寇的官职,将要应聘到楚国去作官,就先派子夏,后派冉有前往试探,由此就知道他不主张失去官职应尽快地贫穷了。"

成子高寝疾

选自《檀弓》上。成子高病中留下遗嘱,在他死后,用不长庄稼的土地来埋葬他。他临终不忘有益于人和主张薄葬的精神是可贵的。

成子高寝疾①。庆遗入请曰②:"子之病革矣③,如至乎大病④,则如之何?"子高曰:"吾闻之矣:生有益于人,死不害于人。吾纵生无益于人,吾可以死害于人乎哉⑤!

---

① 成子高:即国子高,谥成,齐国大夫。 ② 庆遗:齐国人。请:询问。 ③ 子:对人的尊称。革(jí极):危急。 ④ 大病:病势很严重,这里用作死亡的委婉说法。 ⑤ 乎哉:犹"吗",表反诘。

我死,则择不食之地而葬我焉①。"

【翻译】

　　成子高卧病在床。庆遗进来问他说:"您的病愈发重了,如果到了很严重的地步,那怎么办?"子高说:"我听说:活着应有益于人,死了也不应为害于人。我纵然活着的时候无益于人,我能死了还为害于人吗!我死后,就选择不长庄稼的地把我埋在那里吧。"

---

　　① 不食之地:不生长庄稼的土地。焉:犹"于是",是,指"不食之地"。

公子重耳对秦客

　　选自《檀弓》下。当晋献公死时，公子重耳正逃难在狄（我国古代北方地区的少数民族）。秦穆公派人向他吊唁，并劝他乘机回国夺取君位。重耳向秦使申明自己并无乘机谋位之心，于是穆公盛赞其仁德。

　　晋献公之丧①，秦穆公使人吊公子重耳②。且曰："寡人闻之③：亡国恒于斯，得国恒于斯。虽吾子俨然在

---

①"晋献"句：晋献公死于鲁僖公九年（前651）。②秦：西周至战国时诸侯国名，嬴姓，在今陕西省。公元前221年统一全国。穆公：秦国国君，名任好，春秋五霸之一。③寡人：古代君主自称。这里是使臣代国君说话，故称寡人。

忧服之中①,丧亦不可久也②,时亦不可失也,孺子其图之③!"以告舅犯④。舅犯曰:"孺子其辞焉⑤!丧人无宝,仁亲以为宝⑥。父死之谓何?又因以为利,而天下其孰能说之⑦?孺子其辞焉!"公子重耳对客曰:"君惠吊亡臣重耳⑧,身丧父死,不得与于哭泣之哀⑨,以为君忧。父死之谓何?或敢有他志⑩,以辱君义?"稽颡而不拜⑪,哭而起,起而不私⑫。子显以致命于穆公⑬,穆公曰:"仁夫,公子重耳!夫稽颡而不拜,则未为后也⑭,故不成拜⑮。哭而起,则爱父也。起而不私,则远利也。"

① 吾子:表亲爱的称呼。俨然:庄重的样子。忧服:忧戚服丧。 ② 丧(sàng桑去声):失位逃亡。 ③ 孺子:对年幼者的称呼。其:副词,表祈使语气。 ④ 舅犯:即狐偃,字子犯,重耳之舅,随重耳流亡十九年,后辅佐重耳返国即位,安定王室,称霸诸侯。 ⑤ 辞:拒绝,不接受。 ⑥ 仁亲:以仁爱对待亲人。 ⑦ 孰(shú熟):谁。说:辩解。 ⑧ 亡:流亡。 ⑨ 与(yù遇):参与。 ⑩ 或:又。敢:犹"岂敢"、"怎敢"。 ⑪ "稽(qǐ起)颡(sǎng嗓)"句:稽颡,古时居父母之丧时跪拜宾客之礼,拜时以额触地。拜,拜谢。主人当先稽颡,以示对父母的哀悼,然后拜谢宾客。重耳不以君位继承人(即丧主)自居,所以只行稽颡之礼,而不拜谢秦使。 ⑫ 私:私下交谈。 ⑬ 子显:即公子絷(zhí直),字子显,是穆公派来吊唁的使者。致命:复命,汇报。 ⑭ 后:继承人。 ⑮ 不成拜:即只稽颡,不拜谢。

【翻译】

　　晋献公死后，秦穆公派人向公子重耳吊唁。并且说："我听说：失去国家常常在这个时候，得到国家也常常在这个时候。虽然你庄重地处在忧戚服丧之时，但失位流亡也不可太久，而谋取君位的时机也不可丢失。年轻人，你要好好考虑这件事！"重耳把这些话告诉了舅犯。舅犯说："年轻人，你不要接受他的劝告！失位流亡的人没有什么宝物，只能把以仁爱对待亲人当作宝物。父亲去世了是什么样的事啊？再借此机会来谋取私利，天下有谁能为你辩解？年轻人，你不要接受他的劝告！"于是公子重耳答复宾客说："贵国国君赐惠来吊唁我这个流亡之臣，而我流亡在外，父亲去世了，也不能临丧哭泣，表达悲哀，从而使贵国国君为我担忧。父亲去世了是什么样的事？我又怎敢别有用心，有辱于国君待我的恩义呢？"他只是跪在地下，以额触地，并不拜谢宾客，哭着站起身来，起来以后也不与宾客私下交谈。子显把这些情况汇报给穆公，穆公说："仁义呀，公子重耳！他只行稽颡之礼而不拜谢，是不以君位继承人自居，所以不成拜。哭着站起身来，这是深爱父亲的表现。起来而不与宾客私下交谈，这是不贪求私利呀。"

太宰嚭使于师

选自《檀弓》下。吴王夫差率军进攻陈国,破坏了祭神之所,杀害了有疫病的人。班师出境时,陈国太宰嚭出使吴军,他根据古礼批评了吴军的行为。文中表现了太宰嚭的能言善辩。

吴侵陈①,斩祀杀厉②。师还,出竟③,陈太宰嚭使于

---

① 吴:西周至春秋时诸侯国名,姬姓,在今江苏苏州一带。陈:西周至春秋时诸侯国名,妫(guī 规)姓,在今河南淮阳一带。吴攻陈,在鲁哀公元年(前494)。 ② 斩祀:破坏祭神之所。厉:通"疠",瘟疫,此指有疫病的人。 ③ 竟:同"境"。

师①。夫差谓行人仪曰②："是夫也多言,盍尝问焉③:师必有名,人之称斯师也者④,则谓之何?"太宰嚭曰:"古之侵伐者不斩祀,不杀厉,不获二毛⑤。今斯师也,杀厉与?其不谓之杀厉之师与?"曰:"反尔地⑥,归尔子,则谓之何?"曰:"君王讨敝邑之罪⑦,又矜而赦之⑧,师与⑨,有无名乎?"

【翻译】

吴国军队征讨陈国,破坏了祭神之所,杀戮了有疫病的人。其后,吴军返回,离开了陈国的边境。陈国的太宰嚭出使吴军。吴王夫差对行人仪说:"这个人见闻广博,好发议论,何不试着问他一问:军队征伐他国一定要有个名义,如果人们说起我的军队来,将怎样称呼它呢?"太宰嚭回答说:"古代侵伐他国的军队不破坏祭神之所,不杀戮得了瘟疫的病人,不俘虏鬓发斑白的人。现在大王您的军队杀戮病人了吧?怎能不称它为残杀病人的军队呢?"夫差说:"如果归还你们土地,归还你们

① 太宰:官名。嚭(pǐ劈):人名。 ② 行人:官名,掌朝觐聘问。仪:人名。 ③ 盍(hé合):何不。 ④ 也者:句中语气词,表示停顿与提示。 ⑤ 二毛:鬓发斑白的人。 ⑥ 反:义同"归",归还。 ⑦ 敝邑:对自己国家的谦称。 ⑧ 矜(jīn今):怜悯。 ⑨ 与(yú鱼):语气词,犹"嘛"。

被俘的儿女,又将怎样称说我的军队?"太宰嚭应声答道:"君王您讨伐敝国的罪过,又怜悯而赦免了敝国,至于军队嘛,还能没有好的名义吗?"

杜蒉扬觯

选自《檀弓》下。我国伟大的史学家和文学家司马迁尝云："谈言微中，亦可以解纷。"(《史记》卷一二六《滑稽列传》)是说古代有些贤臣，以委婉含蓄的言辞，表达出严正的道理，从而匡正君主的过失，为国家排忧解难。本文所述杜蒉谏君的故事，便是很好的一例。文中既写出杜蒉维护礼制、匡君辅国的忠心，又出色地刻画了他进谏方式的巧妙。

知悼子卒①,未葬,平公饮酒②,师旷、李调侍,鼓钟。杜蒉自外来③,闻钟声,曰:"安在?"曰:"在寝④。"杜蒉入寝,历阶而升⑤。酌曰:"旷,饮斯!"又酌曰:"调,饮斯!"又酌,堂上北面坐饮之⑥。降,趋而出⑦。平公呼而进之,曰:"蒉,曩者尔心或开予⑧,是以不与尔言。尔饮旷何也⑨?"曰:"子、卯不乐⑩。知悼子在堂,斯其为子、卯也大矣!旷也,大师也⑪。不以诏⑫,是以饮之也。""尔饮调何也?"曰:"调也,君之亵臣也⑬。为一饮一食,亡君之疾⑭,是以饮之也。""尔饮何也?"曰:"蒉也,宰夫也⑮。非刀匕是共⑯,又敢与知防,是以饮之也。"平公曰:"寡人亦有过焉,酌而饮寡人。"杜蒉洗而扬觯⑰。公谓侍者曰:

① 知(zhì 智)悼子:即荀盈,又名知盈,晋国之卿,死于鲁昭公九年(前553)。 ② 平公:晋国国君,名彪。 ③ 蒉:音如快(kuài)。 ④ 寝(qǐn 侵上声):后宫。 ⑤ 历阶:登阶。 ⑥ 北面:面向北。古时君臣相见,君面向南,臣面向北,以示尊卑之别。 ⑦ 趋:疾走。 ⑧ 曩(nǎng 囊上声)者:刚才。开:开导。 ⑨ 饮(yìn 印):拿饮料给人喝。 ⑩ "子、卯"句:相传古代帝王夏桀死于乙卯日,商纣死于甲子日,后来称这两个日子为"疾日",在这两天要停止宴乐。乐(yuè月),奏乐。 ⑪ 大(tài 太)师:同"太师",乐官之长。 ⑫ 诏(zhào 照):告诉。 ⑬ 亵(xiè 泻):亲近。 ⑭ 亡:通"忘"。疾:忧患,此暗指违背礼制。 ⑮ 宰夫:掌管膳食的官。 ⑯ 匕(bǐ 比):食器,状如汤匙,大小不等。共:通"供"。 ⑰ 扬:举。觯(zhì 志):酒器。

"如我死,则必无废斯爵也①!"至于今,既毕献②,斯扬觯,谓之"杜举"。

【翻译】

　　知悼子死了,还没有下葬,平公却喝起酒来,还让师旷和李调在身边陪着,击钟作乐。杜蒉从外面来,听到钟声,就问:"国君在哪里?"有人回答说:"在后宫。"杜蒉进入后宫,登阶而上。他斟了一杯酒说:"师旷,喝了这一杯!"又斟了一杯说:"李调,喝了这一杯!"又斟了一杯,自己在堂上面向北坐着喝了。然后下了台阶,快步走出宫去。平公唤他进来,说:"杜蒉,刚才看你的意思或许要开导我什么,所以我没和你说话。你让师旷喝酒是为什么呢?"杜蒉说:"按礼,甲子、乙卯日不举乐。知悼子死了,他的灵柩还停放在堂上,这比甲子、乙卯两个疾日更庄重。师旷身为乐官之长,应该知礼,却不把这个道理告诉国君,所以罚他喝酒。"平公问:"你让李调喝酒是为什么呢?"杜蒉说:"李调是国君的近臣。他竟贪图一饮一食,忘了国君的忧患,所以罚他喝酒。"平公又问:"你让自己喝酒是为什么呢?"杜蒉说:"我是管膳食

---

　　① 爵:酒器,此指举杯献酒。　② 既:……之后。毕献:指举行宴会时向国君和宾客献过了酒。

的，不尽供应刀、匙之职，却敢参与防止违礼的事，所以罚自己喝酒。"平公感悟道："寡人也有过错啊，斟一杯让我喝吧。"于是杜蒉洗了酒杯，斟满酒，举着献给平公。平公告诉侍从说："如果我死了，一定不要废止这举杯献酒的仪式呀。"直到现在，当举行宴会时，向国君和宾客献过酒以后，就要举起酒杯，这仪式叫作"杜举"。

公叔文子卒

选自《檀弓》下。卫国大夫公叔文子死后,卫灵公追述其生平事迹,谥为"贞惠文子"。通过这段记述,对古代谥法可以有所了解。

公叔文子卒①。其子戍请谥于君②,曰:"日月有时③,将葬矣,请所以易其名者④。"君曰:"昔者卫国凶

---

① 公叔文子:公叔氏,名发,卫国大夫,谥贞惠文子,省称文子。 ② 君:指卫灵公,卫国国君,名元。 ③ "日月"句:古代大夫和士死后三月下葬,这句即是说时日有限。 ④ 易:代替。周代习俗,贵族死后,人们为了表示对他的尊重,在提到他时,称谥而不称名,所以这里把赐谥叫作"易其名"。

饥①，夫子为粥与国之饿者，是不亦'惠'乎②？昔者卫国有难③，夫子以其死卫寡人，不亦'贞'乎④？夫子听卫国之政⑤，修其班制⑥，以与四邻交，卫国之社稷不辱⑦，不亦'文'乎⑧？"故谓夫子"贞惠文子"。

【翻译】

公叔文子死了。他的儿子公叔戍向卫灵公请求谥号，说："时日有限，我父亲将要安葬了，请国君赐给他用来代替名字的谥号。"卫灵公说："过去卫国发生饥荒，夫子用粥饭救济国中饥饿的人，这不是'惠'吗？过去卫国有大难，夫子用他的生命拼死保卫我，这不是'贞'吗？夫子治理卫国的政事，整饬尊卑等级制度，在与周围各国的交往中，没有使卫国的社稷蒙受耻辱，这不是'文'吗？"所以称夫子为"贞惠文子"。

---

① 卫国：西周至战国时诸侯国名，姬姓，在今河南省北部与河北省南部一带。凶饥：饥荒。 ② 惠：古代谥法，"爱民好施为'惠'"（据《逸周书·谥法》）。 ③ 卫国有难：《左传·昭公二十年》记载：卫国齐豹等人作乱，杀死灵公之兄公孟絷，灵公出奔死鸟（卫国地名）。或即此事。 ④ 贞：古代谥法，"清白守节为'贞'"（据同上书）。 ⑤ 听：治理。 ⑥ 修：整饬。班制：尊卑等级制度。 ⑦ 社稷：土神和谷神，古代常用来象征国家政权。 ⑧ 文：古代谥法，道德高尚，学识广博为"文"（据同上书）。

陈子亢止殉葬

选自《檀弓》下。本文记述陈子亢制止用人殉葬的故事。其情节与西门豹止嫁河伯之事相似(见《史记》卷一二六《滑稽列传》),都是以其人之道还治其人之身的。

陈子车死于卫①。其妻与其家大夫谋以殉葬②,定而后陈子亢至③。以告曰:"夫子疾,莫养于下,请以殉葬。"子亢曰:"以殉葬非礼也。虽然,则彼疾当养者,孰若妻与宰?得已④,则吾欲已。不得已,则吾欲以二子者

---

① 陈子车:齐国大夫。 ② 家大夫:即下文的"宰",为卿大夫办理家务的总管。 ③ 陈子亢:陈子车的弟弟,也是孔子的学生。 ④ 已:止。

之为之也①。"于是弗果用②。

【翻译】

陈子车在卫国死了。他的妻子和家宰商量用人为他殉葬,商定之后陈子亢来了。陈妻和家宰告诉子亢说:"他老人家有病,在地下无人侍奉,希望能用人为他殉葬。"子亢说:"殉葬是不合礼的。虽然如此,但兄长有病,应当去侍奉他的,谁能比得上妻子和家宰呢?如果这件事可以取消,那我愿意取消。如果不能取消,那我就想用您二位来殉葬了。"于是陈妻和家宰就没有用人殉葬。

① 二子:指陈妻和家宰。 ② 弗:不。果:使成为事实。

卫献公出奔

选自《檀弓》下。卫献公逃亡而归,想只对随从之臣予以赏赐,柳庄规劝他不应"有私"。故事篇幅虽小,含义深刻。

卫献公出奔,反于卫①。及郊,将班邑于从者而后入②。柳庄曰:"如皆守社稷,则孰执羁靮而从③?如皆

---

① "卫献"二句:鲁襄公十四年(前559)卫孙文子作乱,献公逃亡至齐,卫人立公孙剽为君,二十六年,宁喜杀公孙剽,献公复归卫国。事见《左传·襄公十四年》。献公,卫国国君,名衎(kàn看)。 ② 邑:采邑,封地。 ③ 羁(jī机):马络头。靮(dí笛):马缰。执羁靮,指在国君身边效力。

从，则孰守社稷？君反其国而有私也，毋乃不可乎①?"弗果班。

【翻译】

　　卫献公逃亡在外，后来返回卫国。来到城郊，想要分赏采邑给随从的臣子，然后再进城。柳庄规劝说："如果都守卫国家，那谁来奔走效力而跟随着您呢？如果都跟着您，那谁来守卫国家呢？国君返回国家而有私心，这恐怕不可以吧？"于是献公就没有分发赏赐。

---

① 毋乃：恐怕，大概。

战 于 郎

选自《檀弓》下。鲁国和齐国在郎交战,儿童汪踦为国捐躯。孔子认为:他"能执干戈以卫社稷",所以应该打破常规,按成人之礼来埋葬他。这说明行礼要重其精神,而不是拘泥于形式。

战于郎①。公叔禺人遇负杖入保者息②。曰:"使之

---

① "战于"句:鲁哀公十一年(前484),齐国攻打鲁国,在郎这个地方发生了战斗。事见《左传·哀公十一年》。齐国,西周至战国时诸侯国,姜姓,战国时为田氏政权,在今山东省半岛及北部地区。郎,鲁国地名,在今山东省鱼台县。 ② 公叔禺人:鲁昭公的儿子。保:通"堡",小城。

虽病也①,任之虽重也②,君子不能为谋也③,士弗能死也,不可,我则既言矣!"与其邻重汪踦往④,皆死焉⑤。鲁人欲勿殇重汪踦⑥,问于仲尼⑦。仲尼曰:"能执干戈以卫社稷⑧,虽欲勿殇也,不亦可乎?"

【翻译】

　　鲁国和齐国在郎交战,公叔禺人遇见一个人扶着棍棒进入城堡歇息。公叔禺人说:"使百姓们服徭役虽然劳苦,使他们负担赋税虽然繁重,但大臣们不能为国家谋划,士不能为国家牺牲,是不可以的,我既然说得到,就应该做得到!"于是就和比邻的童子汪踦奔向战场,都在那里牺牲了。鲁国人想不用童子的丧礼而用成人之礼来葬汪踦,便向孔子请教。孔子说:"他能拿起武器来捍卫国家,即使不用童子的丧礼来葬他,不也可以吗?"

---

① 使:指徭役。之:指百姓。　② 任:指赋税。　③ 君子:指卿大夫。　④ 重:当作"童",下"重汪踦"之"重"同,译文据此。　⑤ 焉:相当于"于之","之"指战场。　⑥ 殇(shāng 伤):指未成年而死,也指为死者举行的祭祀。　⑦ 仲尼:即孔丘,字仲尼。　⑧ 干戈:盾与戈,泛指武器。

苛政猛于虎

选自《檀弓》下。一个贫苦的妇女,宁居深山与虎为伴,也不愿去遭受暴政的压迫,因而孔子慨叹:"苛政猛于虎也!"这故事在客观上深刻揭露了黑暗政治的残暴本质,也说明孔子具有同情人民疾苦的思想。

孔子过泰山侧,有妇人哭于墓者而哀。夫子式而听之①。使子路问之曰②:"子之哭也,壹似重有忧者③。"而

---

① 式:通"轼",车前的横木。这里用作动词,即扶轼,古人乘车时以此表示敬意或关注。 ② 子路:即仲由,字子路,又称季路,春秋末下(在今山东泗水县东)人,孔子弟子。 ③ 壹:副词,表示肯定,犹言"真"、"的确"。重(chóng虫):一再。

曰①："然。昔者吾舅死于虎②,吾夫又死焉③,今吾子又死焉。"夫子曰："何为不去也?"曰："无苛政④。"夫子曰："小子识之⑤,苛政猛于虎也!"

【翻译】

　　孔子乘车路过泰山旁边,有一个妇女在墓前哭泣得很悲哀。他老人家俯身扶轼听那妇女的哭声。他让子路去问那妇女说："您这样哭,真像一再遇到了忧伤的事情似的。"妇女就说："是的。过去我公公被虎咬死了,我丈夫也被虎咬死了,现在,我儿子又被虎咬死了。"他老人家说："为什么不离开这里呢?"妇女说："这里没有苛政。"他老人家对子路说："小子记着,苛政比猛虎还要凶恶啊!"

---

①而:犹"乃",就,于是。　②舅:丈夫的父亲。　③焉:犹"于是",是,指虎。　④苛:苛刻。　⑤小子:长辈对晚辈的称呼。识(zhì志):通"志",记住。

鲁人有周丰者

选自《檀弓》下。鲁哀公请教周丰怎样才能得到人民的尊敬和信任，周丰的回答指出了一条真理：要教育好民众，必须先从自身做起，身教胜于言教。

鲁人有周丰也者，哀公执挚请见之①，而曰："不可②。"公曰："我其已夫③？"使人问焉④，曰："有虞氏未施

---

① 哀公：鲁国国君，名蒋。挚（zhì 至）：通"贽"，古人相见时所携带的礼物。 ② "而曰"句：按照古礼，有尊者来请见时，当先辞谢，以示恭敬。哀公携礼请见周丰，是表示他礼贤下士，而周丰则依礼辞谢。 ③ 其：犹"岂"，怎能。已：止。夫：语气词，表反诘。 ④ 焉：犹"于之"，之，指周丰。

信于民而民信之①,夏后氏未施敬于民而民敬之②,何施而得斯于民也③?"对曰:"墟墓之间④,未施哀于民而民哀;社稷宗庙之中⑤,未施敬于民而民敬。殷人作誓而民始畔⑥,周人作会而民始疑⑦。苟无礼义忠信诚悫之心以莅之⑧,虽固结之⑨,民其不解乎?"

【翻译】

　　鲁国有个叫周丰的,鲁哀公带着礼物请求见他,他辞谢说:"不可以。"哀公说:"我怎能就算了呢?"就派使者来向他请教,使者问道:"虞舜没有对百姓施行信义的教化,但百姓却信任他;夏禹没有对百姓施行敬顺的教化,但百姓却尊敬他。请问施行什么样的政教才能得到百姓的信任和尊敬呢?"周丰回答说:"在气氛悲哀的废墟坟墓之间,不须施行教化使百姓懂得悲哀,而百姓自

① 有虞氏:古代部落名,其首领舜受禅于尧,在蒲坂(今山西永济东南)建立了国都。这里即指虞舜。 ② 夏后氏:古代部落名,其首领禹继舜之后建立了夏王朝,都安邑(今山西夏县北)。这里即指夏禹。 ③ 斯:此,指信任和尊敬。 ④ 墟:废墟。 ⑤ 社稷:祭祀土、谷之神的所在。宗庙:祭祀祖先的处所。 ⑥ 殷人:指殷末的统治者。畔:通"叛"。 ⑦ 周人:指西周末年的统治者。 ⑧ 悫(què确):质朴。莅(lì立):君临。 ⑨ 固结:安定团结。

然会悲哀;在庄严肃穆的社稷宗庙之中,也不须施行教化使百姓懂得肃敬,而百姓自然会肃敬。殷代的统治者曾以誓言来约束民众,民众却背叛了他们;周代的统治者曾举行盟会来团结民众,民众反倒不信任他们了。这说明:如果没有礼义忠信诚实质朴的心以君临民众,纵然想靠言辞政令使他们安定团结,民众又怎能不离散呢?"

不食嗟来之食

礼记选译

选自《檀弓》下。齐国发生了严重的灾荒,有一个人宁肯饿死,也不吃别人无礼施舍的饭食。作者既颂扬了他的骨气,也批评了他的偏执。后来,"不食嗟来之食"成为一句名言,表示不受侮辱性的施舍。

齐大饥。黔敖为食于路,以待饿者而食之①。有饿者蒙袂辑屦②,贸贸然来③。黔敖左奉食,右执饮,曰:

---

① 食(sì 四):拿饭给人吃。 ② 袂(mèi 妹):衣袖。蒙袂,用衣袖蒙着脸。辑:敛。屦(jù 剧):踏。辑屦,言身体无力而迈不开步子。 ③ 贸贸然:因眼睛看不清路而莽莽撞撞向前走的样子。

"嗟①！来食！"扬其目而视之，曰："予唯不食嗟来之食，以至于斯也！"从而谢焉②，终不食而死。曾子闻之，曰："微与③！其嗟也可去，其谢也可食。"

【翻译】

　　齐国发生了严重的灾荒。黔敖在路上备好饭食，以等待饥饿的人来了给他吃。有个饥饿的人用袖子蒙着脸，无力地迈着步子，莽莽撞撞地走来了。黔敖左手拿着吃的，右手拿着喝的，吆喝着："喂！来吃呀！"那人扬眉举目看着他，说："我就是因为不吃这嗟来之食，才落到这般地步的！"黔敖追上去，向他表示歉意，但他终于不吃而饿死了。曾子听到了这件事，说："不应当这样啊！那黔敖无礼呼唤时，是应该走开的。但他表示歉意以后，是应该回去吃的。"

---

　　① 嗟：呼唤声，带有轻蔑的意味。　② 从：追随。谢：表示歉意。　③ 微：不可，不应当。与(yú)：语气词，表感叹。

晋献文子成室

选自《檀弓》下。晋国献文子盖了一座豪华的宫室。张老在赞颂时暗示讽劝之意，晋献文子则于祈祷中表白了自己居安思危之心。二人对话巧妙含蓄，堪称一个"善颂"，一个"善祷"。

晋献文子成室①，晋大夫发焉②。张老曰③："美哉！轮焉④！美哉！奂焉⑤！歌于斯，哭于斯，聚国族于斯⑥。"文子曰："武也得歌于斯，哭于斯，聚国族于斯，是

---

① 献文子：即赵文子，名武，晋卿，谥献文。　② 发：庆贺宫室落成。　③ 张老：晋大夫。　④ 轮：高大的样子。　⑤ 奂：华丽。　⑥ 国族：国宾和宗族。

全要领以从先大夫于九京也①！"北面再拜稽首。

君子谓之善颂善祷。

【翻译】

晋国献文子盖成了一座宫室，晋国的大夫们前往祝贺。张老说："美啊！这么高大！美啊！这么华丽！可以在这里祭祀歌唱，在这里居丧哭泣，在这里宴聚国宾和宗族了。"文子说："我赵武如果能在这里祭祀歌唱，在这里居丧哭泣，在这里宴聚国宾和宗族，这就是保全了身躯而跟随先祖先父于九原呀！"他面向北拜了两拜，叩头行礼。

君子说他们一个善于赞颂，一个善于祈祷。

---

① 要(yāo 腰)："腰"的古字。领：脖子。古时重罪处以腰斩或杀头，这里说"全要领"，即是免受刑戮而保全身躯的意思。先大夫：指先祖先父，献文子家世代为大夫，故以此称。九京："京"当作"原"。九原，晋国卿大夫的墓地，在晋国北部。

尽饰之道,斯其行者远矣

选自《檀弓》下。这是一个"衣冠取人"的故事,耐人寻味。作者认为"尽饰之道,斯其行者远矣",固然不足为训,却可引为鉴戒。

季孙之母死,哀公吊焉,曾子与子贡吊焉①。阍人为君在②,弗内也③。曾子与子贡入于其厩而修容焉④。子贡先入,阍人曰:"乡者已告矣⑤。"曾子后入,阍人辟

---

① 子贡:端木氏,名赐,字子贡,春秋末卫国人,孔子弟子。 ② 阍(hūn 昏)人:守门的人。 ③ 内(nà 纳):"纳"的古字,使进入。 ④ 厩(jiù 旧):马圈。修容:此指更衣修饰。 ⑤ 乡(xiàng 向)者:刚才。

之①。涉内霤②,卿大夫皆辟位,公降一等而揖之③。

君子言之曰:"尽饰之道,斯其行者远矣!"

【翻译】

季孙的母亲死了,鲁哀公来向他吊唁,曾子和子贡也来向他吊唁。守门人因国君在这里,就不许他们进门。曾子和子贡走进季孙的马圈里更衣修饰了一番。子贡先进门,守门人说:"刚才已经为您通报过了。"曾子随后进门,守门人又恭敬地让开了。他们来到内室中央时,卿大夫们都离开个人的位置来表示敬意,鲁哀公也降阶一级向他们拱手行礼。

君子评论这件事说:"极尽修饰之道,这在生活中的用处可真大啊!"

---

① 辟(bì避):通"避"。 ② 涉:来到。内霤(liù六):室的中央。 ③ 等:级,指台阶的层次。揖:拱手行礼。

阳门之介夫死

选自《檀弓》下。宋国司空子罕为一普通卫士哭丧,百姓为之感动,他国因此不敢进犯。这说明上下同心是社稷稳固的重要保障。本文也是一条重要的谍报史资料。

阳门之介夫死①,司城子罕入而哭之哀②。晋人之觇宋者反报于晋侯曰③:"阳门之介夫死,而子罕哭之哀,而民说④,殆不可伐也⑤!"

---

① 阳门:宋国城门名。介夫:卫士。 ② 司城:即司空,六卿之一,掌管城郭建筑等事。宋武公名司空,后世避讳,改称司空为司城。 ③ 觇(chān 搀):侦探。 ④ 说(yuè 月):通"悦"。 ⑤ 殆(dài 带):大概,恐怕。

孔子闻之,曰:"善哉觇国乎!《诗》云:'凡民有丧,扶服救之①。'虽微晋而已②,天下其孰能当之!"

【翻译】

守护宋国阳门的一个卫士死了,司空子罕进来为他哭泣,哭得很悲哀。晋国派到宋国的侦探回去向晋侯报告说:"宋国阳门的一个卫士死了,对这样一个卑贱的人,子罕却为他哭得很伤心,因而百姓都乐意为国效力,宋国恐怕不可以征伐吧!"

孔子知道了这件事,说:"这人善于侦探国情啊!《诗经》中说:'凡民有丧,扶服救之。'虽然想要攻打宋国的不仅是晋国而已,但天下又有哪个国家能抵挡它呢!"

---

① "诗云"二句:引自《诗经·邶风·谷风》。言凡他人有死丧灾难,尽力去救助他。扶服,同"匍匐",爬行,比喻尽力。② 微:非,不是。

赵文子与叔誉观乎九原

选自《檀弓》下。本文追述赵文子知人举贤、忠正廉洁的美德，文章着墨不多，却通过具体言行的描写鲜明地勾勒出文子的性格，给人以深刻的印象。

赵文子与叔誉观乎九原①。文子曰："死者如可作也②，吾谁与归③？"叔誉曰："其阳处父乎④？"文子曰："行

---

① 赵文子：名武，晋卿，谥献文。叔誉：即羊舌肸（xī夕），字叔向，又字叔誉，晋国大夫。观：游览。九原：晋国卿大夫的墓地，在晋国北部。 ② 作：起，指复活。 ③ "吾谁"句：我追随谁呢？ ④ 其：犹"大概"。阳处父：晋国大夫。

并植于晋国,不没其身,其知不足称也①。""其舅犯乎?"文子曰:"见利不顾其君,其仁不足称也②。我则随武子乎③。利其君,不忘其身;谋其身,不遗其友。"晋人谓文子知人。文子其中退然如不胜衣④,其言呐呐然如不出诸其口⑤。所举于晋国管库之士七十有余家⑥。生不交利⑦,死不属其子焉⑧。

【翻译】

　　赵文子和叔誉在九原游览。文子说:"死者如果能

———————

　　①"行并"三句:据《左传·文公五年》记载,晋国人宁嬴评论阳处父,说他过于刚强,华而不实,难以保全其身。《左传·文公六年》记载,晋国在夷(晋国地名)阅兵,委任狐射(yì亦)姑率领中军。阳处父时为太傅,独断专行,免去狐射姑的元帅职务。狐射姑因而怀恨在心,后来杀死了阳处父。文子的评论即对此而发。并,专断。植,通"直",刚直。没(mò莫),终。知(zhì智):"智"的古字。　②"见利"二句:据《左传·僖公二十四年》记载,晋公子重耳结束了流亡生活,自外返国,行至黄河,舅犯说自己随从流亡之时过失甚多,请求隐退。文子认为他这样作是只顾自己。　③则:效法。随武子:即士会,字季,食采于随,谥武子,晋国正卿,曾辅佐文、襄、灵、成、景五代国君。　④中:指身体。退然:柔弱的样子。　⑤呐呐(nè讷)然:形容言语徐缓,声音细小。　⑥管:锁钥。管库之士,即管理库藏的小官。　⑦交:通"徼(jiǎo佼)",求。　⑧属(zhǔ主):通"嘱",托付。

复活,我追随谁呢?"叔誉说:"大概阳处父可以吧?"文子说:"他在晋国只凭专断和刚直办事,不能保全性命,他的才智不值得称赞。""大概舅犯可以吧?"文子说:"他见到利益就不管他的国君,他的仁德不值得称赞。我还是效法随武子吧。他既能有利于国君,又不忘自己的身家性命;既为自己打算,又不遗弃朋友。"晋国人认为文子善于识别人。文子身材柔弱,好像承受不住衣服似的。他说话时言语徐缓、声音细小,好像不是出自于他的口中似的。他在晋国所举荐的管理库藏的小吏做了大夫的有七十多家。他生前不贪求私利,临终也没有请托谁照顾自己的儿子。

孔子论"大同"、"小康"之治

　　选自《礼运》。这一篇开头部分论述从远古（即"五帝"）时期到夏、商、周三代政治风俗的演变情况，对研究古代社会有重要的参考价值；以下的大量篇幅则是杂论礼义和祭祀。这里选取了前一部分的两段文字。

　　这一段记述了孔子关于"大同"、"小康"之治的一番议论。"大同"，即天下太平，是根据有关原始社会的某些传说虚构出来的太平盛世的和平景象。"小康"，即小安，指出现了私有制以后的夏、商、周三代的政治局面。从这段记述可以看出远古社会变迁的痕迹。

昔者仲尼与于蜡宾①,事毕,出游于观之上②,喟然而叹③。仲尼之叹,盖叹鲁也。言偃在侧曰:"君子何叹?"孔子曰:"大道之行也④,与三代之英⑤,丘未之逮也⑥,而有志焉。

"大道之行也,天下为公。选贤与能,讲信修睦。故人不独亲其亲,不独子其子,使老有所终,壮有所用,幼有所长,矜寡孤独废疾者皆有所养⑦。男有分⑧,女有归⑨。货恶其弃于地也,不必藏于己;力恶其不出于身也,不必为己。是故谋闭而不兴⑩,盗窃乱贼而不作⑪,故外户而不闭⑫。是谓大同。

"今大道既隐⑬,天下为家。各亲其亲,各子其子,货力为己。大人世及以为礼⑭,城郭沟池以为固⑮。礼义以为纪,以正君臣,以笃父子⑯,以睦兄弟,以和夫妇,以

---

① 蜡(zhà乍):古代统治者年终举行的祭祀。 ② 观(guàn灌):宗庙门外两旁的楼。 ③ 喟(kuì愧)然:叹息的样子。 ④ 大道:指太平盛世的社会准则。 ⑤ 三代:指夏、商、周。英:英明的君主。 ⑥ 逮:及,赶上。 ⑦ 矜(guān官):通"鳏",老而无妻。寡:老而无夫。孤:幼而无父。独:老而无子。废疾:肢体残废。 ⑧ 分(fèn奋):职分。 ⑨ 归:女子出嫁,此指夫家。 ⑩ 谋:指奸诈的计谋。 ⑪ 贼:害人。 ⑫ 外户:外面的门。 ⑬ 隐:消逝。 ⑭ 大人:指国君。世:父亲传位给儿子。及:哥哥传位给弟弟。 ⑮ 郭:外城。沟池:护城河。固:防御设施。 ⑯ 笃:纯厚。

设制度,以立田里①,以贤勇知②,以功为己③。故谋用是作④,而兵由此起⑤。禹、汤、文、武、成王、周公,由此其选也⑥。此六君子者,未有不谨于礼者也。以著其义⑦,以考其信⑧,著有过,刑仁讲让⑨,示民有常。如有不由此者,在埶者去⑩,众以为殃。是谓小康。"

【翻译】

　　从前孔子曾做过鲁国年终蜡祭的宾客,祭祀结束后,出来在宗庙门外的楼台上游览,感慨地叹息着。孔子的感叹,大概是感叹鲁国统治者的礼不够周备吧。言偃在身旁问道:"老师为什么叹息?"孔子说:"大道施行的盛世,和夏、商、周三代英明君主们主宰的时代,我孔丘没有赶得上,但我是向往这种时代的。

　　"在大道施行的盛世,天下是公共的。选拔有道德和有才能的人来治理天下,人与人之间讲究信用,相处也很和睦。所以人们不只把自己的亲人当作亲人,不只把自己的儿子当作儿子,这就使老人有终其余年的依

---

　　① 田里:田地与住宅。　② 贤:尊重。　③ "以功"句:用来成就只为自己谋利的功业。　④ 用是:因此。　⑤ 兵:指战争。　⑥ 选:杰出人物。　⑦ 著:表彰。其:指百姓。义:宜,合理的事情。　⑧ 考:成就。　⑨ 刑:典范。让:礼让。　⑩ 埶(shì 势):通"势",职位。去:贬退。

靠,壮年人有奉献自己力量的地方,幼儿有发育成长的良好条件,那些年迈无偶、幼而丧父、老而无子和身体残废的人都能得到供养。男子各有其适当的职分,女子都有夫家。对于财物人们不高兴它被抛弃在地上,但不一定要藏在自己家里;对于气力只恨它不从自己身上使出来,但不一定是为了自己。因此奸诈的计谋被抑制而无法实现,盗窃、作乱和害人的事情也不发生,因而连外面的大门都用不着关,这样的景象就叫作大同。

"现在大道已经消逝了,天下成为私家的。人们各以自己的亲人为亲人,各以自己的儿子为儿子,积累财物和使用气力都是为了自己。天子诸侯把传位给儿子或弟弟作为名正言顺的礼制,把城郭和护城河作为防御设施。把礼义作为纲纪,用来端正君臣关系,用来使父子之情纯厚,用来使兄弟之间和睦,用来使夫妻之间和谐,用来设立制度,用来订立田地、住宅的法规,用来尊尚有勇有智的人,用来成就只为自己谋利的功业。所以奸诈的计谋因此而兴起,而战争也因此发生了。大禹、成汤、文王、武王、成王、周公也因此而成为三代中的杰出人物。这六位君子,没有不谨慎奉行礼制的。他们用礼来表彰百姓们做得合理的事情,用礼来成就百姓们讲信用的事情,用礼来揭露百姓们的罪过,使仁德的人成为典范,讲究礼让,指示百姓们要有常法。如果有不按礼办事的,有职位的就要贬退,民众就把他视为祸害。这种局面就叫作小康。"

昔者先王未有宫室

选自《礼运》。在这一节里，作者以简括生动的语言描绘了远古时代的社会生活状况，在探讨"礼"的起源时，指出"礼"是随着社会物质生活的发展而产生的，这一见解是与历史发展的事实相符合的。

昔者先王未有宫室，冬则居营窟①，夏则居橧巢②。未有火化③，食草木之实，鸟兽之肉，饮其血，茹其毛④。未有麻丝，衣其羽皮。

---

① 营窟：垒土而成的窟穴。 ② 橧(zēng 增)巢：在树上聚柴薪而成的巢室。 ③ 火化：用火加工食物的方法。 ④ 茹(rú 如)：吃。

后圣有作,然后修火之利。范金①,合土②,以为台榭、宫室、牖户③;以炮④,以燔⑤,以亨⑥,以炙⑦,以为醴酪⑧。治其麻丝,以为布帛。以养生送死,以事鬼神上帝。皆从其朔⑨。

【翻译】

古代的先王没有宫室,冬天就住在垒土而成的窟穴中,夏天就住在树上聚薪而成的巢室中。还不会用火加工食物,就吃草木的果实和鸟兽的肉,喝动物的血,连同它们的皮毛一起吞食。没有麻和丝,穿着鸟兽的羽毛和皮革。

后来圣人出现,然后学会了用火并使其功用日益完善。人们制作了模型来铸造金属器物,和合泥土来烧制器材,用来造做台榭、宫室、窗子和门户;用火来烧熟食物,煮熟或烤熟食物,用火来酿制甜酒,把果实煮成浆

---

① 范金:制作模型以铸造金属器物。范,铸造器物的模型。 ② 合土:和合泥土,经过火烧加工,制成器材。 ③ 台:垒土筑成的高台。榭(xiè谢):台上所盖的房屋。牖(yǒu友):窗。 ④ 炮(páo袍):以泥包裹食物烧烤使熟。 ⑤ 燔(fán凡):把食物置于火上烧熟。 ⑥ 亨(pēng烹):通"烹",煮熟食物。 ⑦ 炙(zhì治):把食物置于火上烤灼使熟。 ⑧ 醴(lǐ礼):甜酒。酪(lào烙):果实煮成的浆。 ⑨ 朔:开始。

液。生产了麻和丝,用来制成布帛。以此来养育活着的人和为死去的送葬,以此来奉祀鬼神上帝。后世的生活方式及所行的礼节,都是从这一时期开始萌芽的。

化民成俗其必由学乎

《学记》是一篇完整的教育学论文，它系统地阐述了儒家关于教育的思想学说和施行的方针。文中内容广泛，涉及教育与政治的关系、教育计划、教学方法、选任教师的标准、教师的尊严地位和对受教育者的要求等等。其思想学说今天仍有批判继承的必要。这里把全文分为十七节，依次予以介绍。

这一节说明，统治者如想达到"化民成俗"的政治理想，必须从教育着手。尽管这种教育本质上是为统治阶级的利益服务的，但古人认识到教育和国家政治的密切关系，则不无借鉴意义。

发虑宪①,求善良,足以谀闻②,不足以动众③。就贤体远④,足以动众,未足以化民。君子如欲化民成俗⑤,其必由学乎!

【翻译】

执政者进行思虑合乎法则,征求德行善良之士,那就能够小有声誉,但还不足以耸动众听。如果他礼贤下士,并能亲近远方的人士,就能够耸动众听,但还不足以教化民众。执政者如果想教化民众,形成良好的社会风俗,大概一定得从兴办教育着手吧!

---

① 虑:思虑。宪:法则。 ② 谀(xiǎo 小)闻:小有声誉。谀,小。 ③ 动众:耸动众听,也就是大有声誉的意思。 ④ 就:接近。体:亲近。 ⑤ 君子:指执政者。

玉不琢，不成器

这一节论述了学习和教育工作的重要性。正像"玉不琢，不成器"一样，人不接受教育，就无法成材。所以统治者要想治理好国家，必须以教学为要务。

玉不琢，不成器。人不学，不知道。是故古之王者，建国君民①，教学为先。《兑命》曰②："念终始典于学③。"其此之谓乎！

---

① 君民：统治民众。 ②《兑（yuè月）命》：《尚书》篇名。兑，通"说"。 ③"念终"句：大意是说始终思虑的，常在于学习。

【翻译】

　　玉石不经雕琢,不能成为器材。人不学习,就不懂得道理。所以古代的君王,建立国家和统治民众,把教学作为首要的事情。《兑命》说:"念终始典于学。"大概就是说的这个道理吧!

教 学 相 长

这一节提出了"教学相长"的论点,说明教和学两方面是互相联系、互相渗透、不可分离的。古代杰出的教育家孔子也说过:"三人行,必有我师焉。"(《论语·述而》)这种思想是十分可贵的。

虽有嘉肴①,弗食,不知其旨也②。虽有至道③,弗学,不知其善也。是故学然后知不足,教然后知困④。知不足,然后能自反也⑤;知困,然后能自强也⑥。故曰教

---

① 肴(yáo 摇):带骨的肉食。 ② 旨:甘美。 ③ 至道:极好的道理。 ④ 困:不通。 ⑤ 自反:反躬自省,严格要求自己。 ⑥ 强(qiǎng 抢):勉励。

学相长也。《兑命》曰："学学半①。"其此之谓乎！

【翻译】

虽然有美味的肉食，不吃，不知道它的甘美。虽然有极好的道理，不学，不知道它的好处。所以学习之后才知道自己有所不足，教人之后才知道自己也有不通之处。知道自己有所不足，然后才能严格要求自己；知道自己有不通之处，然后才能勉励自己奋发上进。所以说教人和学习是相互促进的。《兑命》说："学学半。"大概说的就是这个道理吧！

---

①"学（xiào 效）学"句：上"学"字是教人的意思，全句言教人是学习的一半。

大 学 之 道

这一节综述古代的教育制度,包括各级教育设施、教育的方针和内容、考核的步骤和标准等,可见其制度相当完密,并注意循序渐进地培养学生,这是值得借鉴的。

古之教者:家有塾①,党有庠②,术有序③,国有学④。

---

① 家:古代地方行政组织,每二十五家共居一巷,叫作"闾",这里即指二十五家的闾。塾:设立在闾的学校。 ② 党:五百家为党。庠(xiáng 祥):设立在党的学校。 ③ 术(suì 碎):通"遂",一万二千五百家为遂。序:设立在遂的学校。 ④ 国:天子所在的京师及诸侯的国都。学:即大学,教天子和诸侯的子弟及地方学校中升入的优秀学生。

比年入学①,中年考校②。一年视离经辨志③,三年视敬业乐群,五年视博习亲师,七年视论学取友,谓之小成④。九年知类通达,强立而不反,谓之大成⑤。夫然后足以化民易俗,近者说服⑥,而远者怀之⑦,此大学之道也。记曰⑧:"蛾子时术之⑨。"其此之谓乎!

【翻译】

　　古代的教育制度是:闾设立塾,党设立庠,遂设立序,首都设立大学。每年招生入学,每隔一年考查他们的成绩。第一年考查他们读书时有无断句的能力,能否辨别自己的志趣;第三年考查他们能否严肃认真地对待学业,是否乐于和朋友们相互切磋;第五年考查他们能否广博地学习并敬爱老师;第七年考查他们能否讨论学问的是非和选择贤者为友。如果考查合格了,就叫作"小成"。第九年考查他们能否闻一知十,触类旁通;能否刚毅独立,遇事有确定不移的见解,不违背老师的教

---

① 比年:每年。　② 中年:每隔一年。中,间隔。　③ 离经:给经书断句。　④ 小成:小有成就。　⑤ 大成:大有成就。　⑥ 说(yuè悦)服:心悦诚服。　⑦ 怀:向往归附。　⑧ 记:指古人记言记事的书。　⑨ "蛾(yǐ蚁)子"句:小蚂蚁时时学习衔土,终于聚成小土堆。这是比喻学者时刻学习,不断进取,而学业大成。蛾,同"蚁"。蛾子,即小蚂蚁。术,学习。

诲。如果考查合格了,就叫作"大成"。然后就可以教化民众,移风易俗,使近处的人心悦诚服,而远方的人也向往归附,这就是大学教育的道理。古书上说:"蛾子时术之。"大概就是说的这个道理吧!

大 学 始 教

礼记选译

这一节记述古代大学开学前后的礼仪及施教的程序等。教育者循此以行,才能培养学生得到良好的成绩。可见统治者对教育事业的重视,但提倡体罚学生,是应予批判的。

大学始教,皮弁祭菜①,示敬道也。宵雅肄三②,官

---

① 皮弁:礼服。菜:指芹藻之类,古时用为祭品。 ② 宵(xiāo 小)雅:即小雅,《诗经》中的一部分。宵,通"小"。肄(yì 义):学习。三:指《小雅》中《鹿鸣》、《四牡》、《皇皇者华》三首诗,都是表示君臣宴会作乐,相互慰劳的诗。

其始也①。入学鼓箧②，孙其业也③。夏楚二物④，收其威也⑤。未卜禘不视学⑥，游其志也⑦。时观而弗语，存其心也⑧。幼者听而弗问，学不躐等也⑨。此七者，教之大伦也⑩。记曰："凡学，官先事，士先志⑪。"其此之谓乎！

【翻译】

　　大学开学的时候，官吏要穿着礼服，用菜祭祀先圣先师，以表示敬师重道的意思。要让学生们诵习《小雅》中《鹿鸣》、《四牡》、《皇皇者华》三首诗，使他们开始学习就懂得做官的道理。上学的时候，先击鼓召集学生，让他们开箱取书，使他们恭顺地对待学业。学校备有体罚的杖棒，是为了约束学生的仪容举止，形成严肃的纪律。

---

　　①"官其"句：使学生入学之初就懂做官的道理，即上面三首诗中所表示的君臣和睦，相互慰劳的道理。　②鼓箧(qiè 怯)：击鼓召集学生，使开箱取书。箧，小箱。　③孙(xùn 逊)：通"逊"，恭顺。　④夏(jiǎ 假)楚：体罚用的杖棒。夏，通"榎(jiǎ 假)"，木名，其枝条可以为杖。楚，荆条。　⑤收：收敛，约束。威：仪容举止。　⑥卜禘(dì 地)：禘，大祭。祭祀时必先占卜，所以叫卜禘。　⑦游：悠闲。　⑧存其心：使其用心思索。　⑨躐(liè 列)：超越。　⑩大伦：纲领。　⑪"记曰"三句：言凡学习为官，就要先学习为官者应做之事；学习为士，就要以立志为先。记，指古人记言记事的书。

不到大祭以后不考查学生的成绩，以便使学生能够按自己的志趣从容地学习。教师要经常观察学生的学习，但不急于灌输知识，为的是培养他们自己用心思索。教师给年长的学生讲授时，年幼的只能听而不许问，以此教育他们学习有先后次序，而不应该越级。这七点就是大学教育的纲领。古书上说："凡学，官先事，士先志。"大概说的就是这个道理吧！

不学操缦，不能安弦

　　这一节论述教育方法，强调要把正常课业和课外学习结合起来，打好基础，由浅入深。这与现代的教学原理是一致的。

　　大学之教也，时教必有正业，退息必有居学①。不学操缦②，不能安弦③；不学博依④，不能安《诗》；不学杂

---

　　① 居学：居家休息时所进行的学习，即课外练习。　② 操缦（màn 慢）：操弄杂乐，熟悉音色和指法，练习调弦。缦，杂乐。　③ 安弦：学会音乐。安是牢固掌握知识的意思。弦指琴瑟之弦，这里代表音乐。　④ 博依：各种譬喻。

服①,不能安礼②;不兴其艺③,不能乐学。故君子之于学也,藏焉修焉④,息焉游焉⑤。夫然,故安其学而亲其师,乐其友而信其道,是以虽离师辅而不反⑥。《兑命》曰:"敬孙务时敏,厥修乃来⑦。"其此之谓乎!

【翻译】

　　大学的教学,按时施教一定要有正式的课业,家居休息时也得有课外的练习。不学习操弄杂乐,练习调弦,就不能学会音乐;不学习各种譬喻的方法,就不能学会《诗经》;不学习各种服装的用场,就不能学会礼仪;不重视学习各种技艺,就不能乐于所学的正业。所以君子对于学业,铭记心中而努力地修习,休息和闲暇时也不荒废。这样,就能学会所修的课业并敬爱他的师长,乐于向朋友请教并信守正道,因

---

① 杂服:各式服装。按古代礼制,自天子至士的尊卑等级有别,服饰也不相同;即使是同一身份的人,在祭祀、丧葬、朝聘、燕居等不同场合,也要穿着不同的衣服。　② 礼:礼仪,兼指《礼经》(即现在的《仪礼》)。　③ 兴:重视。艺:各种技艺,即上文所谓操缦、博依、杂服等事。　④ 藏:怀抱。　⑤ 游:指闲暇无事。　⑥ 辅:指朋友。　⑦ "《兑命》"二句:大意是说恭敬、谦逊、及时敏捷地求学,他的学业就能有所成就。孙(xùn逊),通"逊",谦逊。务,必须。厥,他的。来,至,达到。

而虽然离开了师友也不会违反他们的教导。《兑命》说:"敬孙务时敏,厥修乃来。"大概说的就是这个道理吧!

今之教者

礼记选译

　　这一节批评了当时教学方法上的弊端，说明教育学生的正确方法应当是启发他们自悟，而不应盲目灌输。还指出应当因材施教。这些方法，值得我们借鉴。

　　今之教者，呻其占毕①，多其讯言②，及于数进而不顾其安③。使人不由其诚，教人不尽其材。其施之也

---

　　① 呻:诵读。占毕:占,通"笘"。笘、毕都是竹简,此指课本。　② "多其"句:一味灌输知识,即"填鸭"式的教育。讯,当作"谇(suì碎)",告知。　③ 及:急切,追求。数(sù速):通"速"。安:适应。

悖①，其求之也佛②。夫然，故隐其学而疾其师③，苦其难而不知其益也。虽终其业，其去之必速④。教之不刑⑤，其此之由乎！

【翻译】

　　当今施教的人，只知诵读课本，大量地讲说、灌输，急切追求快速进展而不管学生能否适应。指使学生学习不是本着诚实的态度，教育学生也不能因材施教，使其才智得到充分发展。他们施教违背了教学的规律，学生也无法按正确的途径从事学习。这样，学生就会因学业艰难而感到痛苦，并怨恨他们的老师，苦于求学之难而不知道学习的好处了。虽然他们学完了自己的课业，但忘掉所学的知识也一定很快。教学之所以不能成功，恐怕就是由于这些原因吧！

---

　　① 悖：指违背教学的规律。　② 佛(fú拂)：通"拂"，违背，指不能按正确的途径学习。　③ 隐：痛苦。隐其学，即因学业艰难而感到痛苦。疾：怨恨。　④ 去：忘掉。　⑤ 刑：成。

大 学 之 法

　　这一节指出教学方法是否正确,直接关系到教育的成败。阐明及时施教、因人施教、启发诱导以及鼓励学生互相切磋、取长补短等等,是为人师者必须遵守的原则。

　　大学之法:禁于未发之谓豫①,当其可之谓时②,不陵节而施之谓孙③,相观而善之谓摩④。此四者,教之所由兴也。

----

① 豫:通"预",预防。 ② 可:适当。时:及时。 ③ 陵:超越。节:指学生的年龄、才力所决定的接受能力的限度。孙(xùn逊):通"逊",顺应。 ④ 摩:犹言"观摩"。

发然后禁,则扞格而不胜①;时过然后学,则勤苦而难成;杂施而不孙,则坏乱而不修;独学而无友,则孤陋而寡闻;燕朋逆其师②;燕辟废其学③。此六者,教之所由废也。

君子既知教之所由兴,又知教之所由废,然后可以为人师也。故君子之教喻也④,道而弗牵⑤,强而弗抑⑥,开而弗达⑦。道而弗牵则和,强而弗抑则易,开而弗达则思。和、易以思,可谓善喻矣。

【翻译】

大学教育的方法是:在不合正道、有碍学习的事未发生之前加以禁止,这叫作预防;在适当的时候施教,这叫作及时;不超越学生接受能力的限度而施教,这叫作顺应;让学生互相观察学习而得到益处,这叫作观摩。这四点是教育成功的原因。

事情发生以后才加以禁止,就会遇到抵触,难以克服;错过时机以后才去学习,虽然勤苦,也难有成就;杂

---

① 扞(hàn旱)格:抵触。胜:克服。 ② 燕朋:轻慢而不庄重的朋友。 ③ 燕辟(pì僻):轻慢邪僻的言行。辟,通"僻"。 ④ 喻:启发诱导。 ⑤ 道(dǎo导):通"导",引导。牵:指强拉。 ⑥ 强(qiǎng抢):勉励。抑:压抑,这里有强迫命令的意思。 ⑦ 开:启发。达:通达,此指讲解无余。

乱无章地施教而不顺应事理，就会使教学受到破坏，混乱无绪而无法整顿；单独学习而没有朋友互相切磋，就会孤陋寡闻；轻慢而不庄重的朋友会使学生违背师长的教诲；轻慢邪僻的言行会使学生荒废学业。这六点是教育失败的原因。

　　君子既知道教育所以成功的原因，又知道教育所以失败的原因，然后才可以做人的老师。所以君子教育和诱导学生，引导他而不强拉他前进，激励他而不强迫命令，启发他而不讲解无余。引导他而不强拉他前进，就能使师生关系和谐；勉励他而不强迫命令，学业就容易成功；启发他而不讲解无余，学生就能独立思索。能做到使师生关系和谐，使学业容易成功，并使学生能独立思索，这就可以说是善于诱导了。

学者有四失

这一节说明：求学的人在修业过程中有"多"、"寡"、"易"、"止"等四种过失，这与他们各自的思想、性情有关。而做教师的，正须深切了解受业者的个性，从而因材施教，发扬其长处，纠正其过失。古人对教学过程有这样细致入微的观察和辩证的思考，是难能可贵的。

学者有四失，教者必知之。人之学也，或失则多①，或失则寡，或失则易，或失则止。此四者，心之莫同也。知其心，然后能救其失也。教也者，长善而救其失

---

① 则：用法同"于"，在于。

者也①。

【翻译】

　　学生有四种过失,做教师的一定要知道。他们在学习中,有的错在所学贪多,有的错在所学务少,有的错在态度轻率,有的错在不求进取。这四种过失产生的原因,是由于学生们个性不同。只有了解他们的个性,然后才能纠正他们的过失。教育的作用,就在于发扬学生的长处而纠正他们的过失。

---

① 长(zhǎng 掌):助长。

善教者使人继其志

这一节说明：一个善于教学的人，应当通过深入浅出的讲解，启发学生，引导他们随其意愿学习。这一方法，也是值得我们重视的。

善歌者，使人继其声。善教者，使人继其志。其言也，约而达，微而臧①，罕譬而喻，可谓继志矣。

【翻译】

善于歌唱的人，能使人受到感动，随着他的声音来歌唱。善于教学的人，能使人得到启发，随着他的意愿

---

① 臧：善。

来学习。他的讲解,语言简约而通达易晓,从微小浅近处入手而蕴含着至善的道理,很少用譬喻而能使人明白,这可以说是善于引导学生随其意愿来学习了。

择师不可不慎

本节论述教师应具备的条件及其作用。文中指出：做教师的人，应能根据学生的实际情况因势利导，多方施教，其责任在于培养"为长""为君"的人材。由此可见古人对教育和教师的作用有着高度的重视。

君子知至学之难易①，而知其美恶②，然后能博喻③。能博喻，然后能为师。能为师，然后能为长。能为长，然后能为君。故师也者，所以学为君也。是故择师

---

① 至学：从事于学。 ② 美恶：指天资的高下。 ③ 博喻：广博地晓喻，即多方施教。

不可不慎也。记曰："三王四代唯其师①。"其此之谓乎！

【翻译】

　　君子知道从事于学有难有易，并知道学生天资有高有低，然后才能因势利导，多方施教。能因势利导，多方施教，然后才能做教师。能做教师，然后才能做长官。能做长官，然后才能做国君。所以做教师的，是可以跟他学习为君之道的人。由此可知选择教师不可不慎重。古书中说："三王四代唯其师。"大概说的就是这个道理吧！

---

　　①"记曰"句：三王，指夏禹、商汤、周文王和武王。四代，指虞、夏、商、周。这句说三王四代的统治者最重视教师的选择。

凡学之道，严师为难

本节紧承上节，说明尊师的重要。尊师的目的在于重道，在于化民治国，所以古代把尊师作为一条重要的礼。

凡学之道，严师为难①。师严然后道尊，道尊然后民知敬学。是故君之所不臣于其臣者二②：当其为尸③，则弗臣也；当其为师，则弗臣也。大学之礼，虽诏于天子无北面④，所以尊师也。

---

① 严：尊敬。 ② 不臣于其臣：不以对待臣下的礼节来对待其臣。 ③ 尸：即祭主，是古代祭祀祖先时代替死者受祭的人。 ④ 诏：召见。北面：面向北。古时君臣相见，君面向南，臣面向北，以示尊卑之别。

【翻译】

　　在教育工作中,尊敬教师是最难的。教师得到尊敬,然后才能重道;重道,然后才能使人们知道恭敬地学习。因此国君不以对待臣下的礼节来对待其臣下的情况有两种:当臣子在祭祀中担任祭主时,就不以待臣下之礼对待他;当臣下作为师傅向自己传授知识时,就不以待臣下之礼对待他。大学的礼节,作为师傅的臣即使被天子召见时也不按臣见君之礼面向北方而立,就是以此表示尊师的道理。

进 学 之 道

　　本节从教和学两方面论述了进益学问之道。指出学生要善学、善问,教师也要善于回答学生的问题,做到循序渐进,因材施教。这样才能增进学习的效益。

　　善学者,师逸而功倍①,又从而庸之②。不善学者,师勤而功半,又从而怨之。善问者如攻坚木③,先其易者,后其节目④,及其久也,相说以解⑤。不善问者反此。善待问者如撞钟,叩之以小者则小鸣,叩之以大者则大

---

　　① 逸:安逸,指费力小。功:成绩。　② 庸:功劳,这里是归功于人的意思。　③ 攻:指解剖和加工木材。　④ 节:树木枝干交接之处。目:纹理不顺之处。　⑤ 说(yuè月):通"悦"。

鸣,待其从容,然后尽其声①。不善答问者反此。此皆进学之道也。

【翻译】

　　善于学习的人,老师费力虽小而自己获益很大,并感激老师,从而归功于他。不善于学习的人,老师用力虽勤而自己获益很少,又从而埋怨老师。善于提问题的学生,就像解剖加工坚硬的木材,先从容易砍削的地方入手,然后砍削枝干交接和纹理不顺之处,久而久之,就愉快地解决了问题。而不善于提问题的学生与此相反。善于回答学生问题的教师,就像撞钟那样,用小的力量来撞击,钟的响声就小,用大的力量来撞击,钟的响声就大,待学生提出问题之后,再根据实际从容不迫地加以启发诱导。不善于回答学生问题的教师与此相反。这些都是进益学问的方法。

---

　　①"待其"二句:从容,同"舂容",即撞钟。二句说撞击之后,钟声随之响起,余音渐渐消逝。这是比喻善于教学的人,待学生提出问题之后,再从容不迫地加以启发诱导。

记问之学不足以为人师

这一节批判了单凭书本灌输知识的错误方法,指出应该了解学生的实际情况,解决其疑难,启发其思考。只有这样,才可以为人师。

记问之学①,不足以为人师。必也其听语乎②!力不能问,然后语之。语之而不知,虽舍之可也。

【翻译】
　　把专门记诵书本上的各种问题当作有学问,这种人是不够做教师的资格的。可以做教师的,一定是善于听

---

① 记问:指记诵书本中的各种问题。　② 听语:听取学生的问题并加以解答。

取学生的问题并予以解答的人吧！当学生的才力不能提出问题，然后才可以给他讲解，以启发他思考。如果讲解了还是不懂，就不必操之过急，暂时停止不讲是可以的。

良冶之子必学为裘

本节说明,只有明白由浅入深、循序渐进的道理,才能获得学习的成功。

良冶之子,必学为裘①。良弓之子,必学为箕②。始

---

①"良冶"二句:冶,指冶铸金属的工匠。裘,皮衣。二句的意思是说:剪裁兽皮制作皮衣与熔化金属或制造器具的工艺相似,而兽皮柔软,易于掌握,所以优秀冶匠的儿子,要学父亲的本领,必须先学习制作皮衣。 ②"良弓"二句:弓,造弓的匠人。箕,簸箕。二句的意思是说:用柳条编制簸箕和以坚韧木料造弓的工艺相似,但前者易,后者难。所以优秀弓匠的儿子,要学好父亲的本领,必须先学习编制簸箕。

驾者反之①,车在马前②。君子察于此三者,可以有志于学矣。

【翻译】

　　优秀冶匠的儿子,必须先学习制作皮衣的技艺。优秀弓匠的儿子,必须先学习编制簸箕的本领。开始训练小马驾车的时候,与一般情形相反,是让小马随在车后的。君子明白这三件事所包含的道理,就可以立志于求学了。

---

　　① 始驾:开始训练小马驾车。　②"车在"句:意思是说让小马跟在车后,待逐渐习惯之后,才到前面驾车。

古之学者比物丑类

这一节说明求学的方法,必须善于比较同类的事物,做到触类旁通,才能收到良好的学习效果。

古之学者,比物丑类①。鼓无当于五声②,五声弗得不和;水无当于五色③,五色弗得不章;学无当于五官④,

---

① "比物"句:言比较同类的事物,做到触类旁通。丑,比。 ② 五声:指古代音乐中宫、商、角、徵(zhǐ止)、羽五种音阶。 ③ 五色:指青、黄、赤、白、黑五种颜色。 ④ 五官:指人体的耳、目、鼻、口、心等五种器官。

五官弗得不治;师无当于五服①,五服弗得不亲。

【翻译】

　　古代的学者,善于比较同类的事物,做到触类旁通。这个方法,有如鼓虽不相当于"五声",但如果"五声"没有鼓的节制,就不能和谐;水虽不相当于"五色",但如果"五色"没有水来调和,就不能鲜明地显现出来;学习虽不相当于"五官",但如果"五官"不经过学习的训练,就不能发挥作用;教师虽不在"五服"所表示的关系之中,但如果没有教师的教导,"五服"之间的关系就不会亲密。

---

　　① 五服:指斩衰(cuī 催)、齐(zī 资)衰(cuī 催)、大功、小功、缌(sī 思)麻等五种丧服。我国古代以这五种丧服来表示血统关系的亲疏远近。

大 德 不 官

本节说明求学的目的在于"务本",即学习统治阶级经国治民的根本道理,用以巩固其封建统治,达到化民成俗的政治理想。

君子曰:大德不官,大道不器,大信不约,大时不齐①。察于此四者,可以有志于本矣②。三王之祭川也,皆先河而后海,或源也,或委也③,此之谓务本。

【翻译】

君子说:德行最高的人,其才能不限于担任一种官

---

① 大时:即天时。 ② 本:根本。 ③ 委:众水所聚之处,即指海。

职；懂得大道的人，不像器物那样只有一定的用处；最守信用的人不须立约就能守信；天有四时，未尝齐一，但四时都在一定的时间内交替，有一定的规律。明白这四层道理的人，就能从根本着手来进行学习了。古时禹、汤、文、武祭祀百川，都是先祭河而后祭海，因为其中有的是源头，有的只是众水所聚之处，这就是务本的道理。

凡音之起

选自《乐记·乐本篇》。《乐记》是我国古代最早的音乐美学和文艺理论专著,其中对音乐歌舞艺术的起源、性质、特点、功能等方面,都有较为系统的论述,是研究古代文艺思想史的一部珍贵文献。根据西汉学者刘向《别录》的记载,《乐记》原有二十三篇,但流传至今的只有十一篇,依次为:《乐本》、《乐论》、《乐礼》、《乐施》、《乐言》、《乐象》、《乐情》、《魏文侯》、《宾牟贾》、《乐化》、《师乙》。

　　这一节说明音乐艺术是人类精神活动的产物,而思想感情又是对外界事物的反映。文中还指出了"声"、"音"、"乐"三者的区别和联系。

凡音之起,由人心生也。人心之动,物使之然也。感于物而动,故形于声①。声相应,故生变,变成方②,谓之音。比音而乐之③,及干戚羽旄④,谓之乐。

【翻译】

　　一切音乐的产生都是起源于人的内心世界。人内心世界的活动,是外界事物影响的结果。人受到外物的影响而感情激动起来,所以通过声音表现出来。各种声音互相应和,所以发生变化,变化而成为具有和谐的条理次序的乐声,叫作音。组合乐音来演奏歌唱,加之以手持干戚、羽旄的舞蹈,叫作乐。

---

　　① 声:《乐记》中的"声"、"音"、"乐(yuè 月)"三词作为艺术概念,其意义既有区别,又有联系。三者都是人们思想感情的表现,但"声"只指个别的声音,"音"指各种声音按一定规律组织而成的乐曲,"乐"指包括音乐歌舞的综合性艺术。但有时也通言不别。　② 方:道,这里指条理次序。成方,言具有条理次序。　③ 比:比次,组合。乐:此指演奏歌唱。　④ 干:盾。戚:斧的一种。羽:野鸡的羽毛。旄:旄牛尾。古代舞蹈时,文舞持羽旄,武舞持干戚。

乐者,音之所由生也

选自《乐记·乐本篇》。作者指出:音乐是人类思想感情的表现,所以各种不同的思想感情,便会通过不同形式的音乐表现出来。哀、乐、喜、怒、敬、爱等感情并非人类本性所具有的,而是受到客观事物影响的结果。

乐者,音之所由生也,其本在人心之感于物也。是故其哀心感者,其声噍以杀①;其乐心感者,其声啴以缓②;其喜心感者,其声发以散③;其怒心感者,其声粗以

---

① 噍(jiāo 焦)以杀(shài 晒):急迫而短促。 ② 啴(chǎn 产)以缓:舒展而和缓。 ③ 发:振奋。散:奔放。

厉；其敬心感者，其声直以廉①；其爱心感者，其声和以柔。六者非性也，感于物而后动。

【翻译】

乐，是由音组合而成的，它产生的根源在于人的内心世界受到外界事物的激动。所以那悲哀的感情激动着的人，他的声音就急迫而短促；那快乐的感情激动着的人，他的声音就舒展而和缓；那喜悦的感情激动着的人，他的声音就振奋而奔放；那愤怒的感情激动着的人，他的声音就粗犷而严厉；那崇敬的感情激动着的人，他的声音就端庄而正直；那爱悦的感情激动着的人，他的声音就和顺而温柔。这六种情感不是人类本性所具有的，而是受到外界事物的影响才产生的。

---

① 廉：棱角，比喻端方正直。

礼乐刑政,其极一也

选自《乐记·乐本篇》。这一节说明:音乐艺术有其重要的政治作用,它与礼、刑、政等上层建筑都是治理国家不可缺少的工具。

礼以道其志①,乐以和其声②,政以一其行,刑以防其奸③。礼、乐、刑、政,其极一也④,所以同民心而出治道也⑤。

---

① 道(dǎo 导):通"导",引导。 ② 声:声音,泛称人们用以表达感情的言谈、歌唱等。和其声,实指调和人们的情感。 ③ 奸:邪恶。 ④ 极:最终目的。 ⑤ 出:建立。治道:指清明安定的政治局面。

【翻译】

　　用礼制来引导人们的思想,用音乐来调和人们的情感,用政令来统一人们的行动,用刑法来防止人们的邪恶行为。礼制、音乐、刑法、政令,这四者的最终目的是相同的,都是用来统一人民的思想意识,建立清明安定的政治局面的。

声音之道,与政通矣

选自《乐记·乐本篇》。作者认为:有什么样的社会政治,便会产生什么样的音乐。通过音乐,可以了解国家政治的好坏和民间的疾苦。

凡音者,生人心者也①。情动于中,故形于声。声成文②,谓之音。是故治世之音安以乐③,其政和;乱世之音怨以怒,其政乖④;亡国之音哀以思,其民困。声音之道,与政通矣。

---

① 这句"生"下当有"于"字,与下节所说的"凡音者,生于人心者也"句式相同,译文据此。 ② 文:指条理次序。 ③ 治世:太平时代。 ④ 乖:违背。

【翻译】

　　一切音乐都是从人的内心世界产生的。感情在心中激荡，因而通过声音表达出来。声音形成具有和谐的条理次序的乐曲，叫作音乐。所以太平时代的音乐安谧而快乐，这是政治和谐的表现；动乱时代的音乐怨恨而愤怒，这是政治脱离正道的表现；行将灭亡的国家，音乐充满了悲哀和忧思，这是人民处境艰难的表现。音乐的道理，和政治是息息相通的。

乐者，通伦理者也

选自《乐记·乐本篇》。本节论述了古代统治者制定礼乐的宗旨。音乐与社会政治休戚相关，所以统治者重视礼乐的教育，"以教民平好恶"，即统一民众的思想意志，以达到治理天下的目的。

凡音者，生于人心者也。乐者，通伦理者也①。是故知声而不知音者，禽兽是也。知音而不知乐者，众庶是也②。唯君子为能知乐。

---

① 伦理：事物的条理。 ②"是故"四句：关于"声"、"音"、"乐"三者的区别，参见第104页注①。

是故审声以知音,审音以知乐,审乐以知政,而治道备矣①。是故不知声者,不可与言音。不知音者,不可与言乐。知乐则几于礼矣②。礼乐皆得,谓之有德,德者,得也。

是故乐之隆,非极音也③。食飨之礼④,非致味也⑤。清庙之瑟⑥,朱弦而疏越⑦,一倡而三叹⑧,有遗音者矣⑨。大飨之礼,尚玄酒而俎腥鱼⑩,大羹不和⑪,有遗味者矣。是故先王之制礼乐也,非以极口腹耳目之欲也,将以教民平好恶⑫,而反人道之正也。

---

① 治道:治理天下的方法。 ② 几(jī机):接近。 ③ 极:达到顶点。 ④ 食(sì四)飨(xiǎng享):古时合祭祖先之礼。下文"大飨"义同。 ⑤ 致:犹"极"。 ⑥ 清庙:宗庙。 ⑦ "朱弦"句:朱弦,朱红色的熟丝所做的弦,弹奏时发音沉浊。疏,疏朗。越,瑟底部的孔眼。瑟孔疏朗,弹奏时发音舒缓。瑟音沉浊而舒缓,是说音乐朴素无华。 ⑧ "一倡(chàng唱)"句:一人唱歌,三人应和之。倡,通"唱"。 ⑨ "有遗"句:遗,遗弃。于声音有所遗弃,即声音未达到丰富多彩的意思。下文"有遗味者也",亦即食物的味道不够丰富的意思。 ⑩ 尚:崇尚。玄酒:即水,上古祭祀用水,古人又称为玄酒。俎(zǔ组):载肉之具,这里用作动词,即用俎载着。腥鱼:生鱼。 ⑪ 大(tài太)羹:祭祀时所用的肉汁。不和:指不用盐菜和味。 ⑫ 平:节制。

【翻译】

音,是由人心产生的。乐,是与伦理相通的。所以只会听声而不能知音的是禽兽,只懂得音而不懂得乐的是一般的人。只有君子才是能够懂得乐的人。

所以能由辨别声而知音,由辨别音而知乐,由辨别乐而知道政治的好坏,就具备了治理天下的方法。所以不懂得声的人,不可同他谈论音。不懂得音的人,不可同他谈论乐。懂得乐就接近于知礼了。使礼和乐各得其所,叫作有德,德,就是得到的意思。

所以乐的隆盛,并不是使声音极其华美。在宗庙中合祭祖先的礼仪,并不是使食物的滋味极其丰富。在宗庙中弹奏的瑟,安装着朱红色熟丝所做的弦,底部的孔眼很疏朗,弹奏时发出沉浊而舒缓的声音,一个人唱歌,三个人应和着他,这声音并未达到丰富多彩的境地。合祭的礼仪,崇尚玄酒并以俎载着生鱼,肉汁不用盐菜来和味,食物的味道并不丰富。因此先王之所以制礼作乐,并不是用它来满足人们口腹耳目的欲望,而是要用它来教导民众节制自己的好恶之情,从而归于正确的人生道路。

礼节民心，乐和民声

选自《乐记·乐本篇》。本节阐明礼、乐的不同作用，一在节制"民心"，一在调和"民声"。以礼乐教化为主，辅之以刑、政，是实现"王道"的重要措施。

礼节民心，乐和民声①，政以行之②，刑以防之。礼、乐、刑、政，四达而不悖③，则王道备矣④。

---

① 声：声音，泛称人们用以表达感情的言谈、歌唱等。② 之：指礼乐。　③ 悖：违逆。　④ 王道：治理天下的正道。

【翻译】

　　用礼节制民众的心志，用乐调和民众的情感，通过政令使民众遵行礼乐，运用刑法防止违反礼乐的行为。礼、乐、刑、政，四者互相通达而不违逆，这就具备了治理天下的正道。

乐者为同，礼者为异

选自《乐记·乐论篇》。这一节又说明礼、乐的不同作用，一在区别人们的贵贱等级，一在协调人们之间的关系。二者相反相成，不可偏废，成为统治者治理天下的重要手段。

乐者为同①，礼者为异②。同则相亲，异则相敬。乐胜则流③，礼胜则离。合情饰貌者④，礼乐之事也。

礼义立⑤，则贵贱等矣⑥。乐文同⑦，则上下和矣。

---

① 同：协调。 ② 异：区别。 ③ 胜：超过限度。流：放荡。 ④ 合情：使感情融洽，这是乐的作用。饰貌：使仪态庄重，这是礼的作用。 ⑤ 礼义（yí仪）：义，通"仪"，礼仪，行礼的仪式。 ⑥ 等：有次序。 ⑦ 文：文采节奏。

好恶著①,则贤不肖别矣②。刑禁暴,爵举贤,则政均矣。仁以爱之,义以正之,如此则民治行矣。

【翻译】

　　乐用来协调人们的关系,礼用来区别尊卑贵贱。有了乐的协调就能使人们互相亲近,有了礼的区别就能使人们互相敬重。但乐超过了限度就会使人放荡,礼超过了限度就会使人们分离而不亲密。使人们感情融洽,仪态庄重,这就是礼和乐的功用。

　　行礼的仪式确立了,人的贵贱就有次序了。音乐的文采节奏和谐统一了,人们尊卑上下就和睦了。人们的好恶明确了,对贤者和品行不良的人就能够区别了。用刑法来禁止强暴的行为,用爵位来奖拔贤良之士,国家的政治就均平了。用仁来爱护百姓,用义来纠正他们的过失,这样就能够实行对民众的治理了。

①著:明确。　②不肖:品行不良。

乐由中出，礼自外作

选自《乐记·乐论篇》。这一节说明礼乐发挥其作用的不同特点。乐通过艺术的感化来影响人们的心灵，礼通过礼仪和道德规范来制约人们的行动。二者相辅相成，以实现统治者所希望的无怨无争的政治局面。

乐由中出，礼自外作。乐由中出故静①，礼自外作故文②。大乐必易，大礼必简。乐至则无怨③，礼至则不争。揖让而治天下者④，礼乐之谓也。

――――――

① 静：安静，指潜移默化地影响人们的心灵。 ② 文：指具有礼仪制度。 ③ 至：通达地实行。 ④ 揖（yī 衣）：拱手行礼。揖让，即礼让。

暴民不作,诸侯宾服①,兵革不试②,五刑不用③,百姓无患,天子不怒,如此则乐达矣。合父子之亲,明长幼之序,以敬四海之内,天子如此则礼行矣④。

【翻译】

乐由内心产生,礼在外表体现。乐由内心产生,所以能潜移默化地影响人们的心灵;礼在外表体现,所以具有各种礼仪制度。隆重的乐一定平易,隆重的礼一定简朴。乐教通达地实行,民众就没有怨恨;礼教通达地实行,民众就不会争夺。用礼让治理天下,说的就是实行礼乐。

强暴的人不再出现,诸侯都归服天子,不再用兵器甲胄来发动战争,五种刑法也弃置不用,百姓没有患难,天子也不动怒,这就表明乐教通达地实行了。父子之间亲睦,长幼之间次序明确,四海之内的人都互相尊敬,这就表明礼教通达地实行了。

---

① 宾服:服从,归顺。　② 兵革:兵器和甲胄。试:用。
③ 五刑:指墨、劓(yì义)、刖(fèi废)、宫、大辟五种刑法。墨,在受刑者额上刺字,并染上黑色;劓,割鼻;刖,断足;宫,破坏生殖机能;大辟,死刑。　④ "天子"二字下疑有脱文,或二字为衍文,故译文略之。

乐者,异文合爱者也

选自《乐记·乐论篇》。这一节说明统治者必须懂得礼乐的性质和特点,并根据时势的要求来制礼作乐。

礼者,殊事合敬者也①。乐者,异文合爱者也②。礼乐之情同,故明王以相沿也。故事与时并③,名与功偕④。

---

① 殊事合敬:规定尊卑贵贱的差别,使人们互相敬重。② 异文合爱:用不同的艺术形式来影响人心,使人们互相亲近。 ③ 事:指制礼作乐之事。并:相合。 ④ 名:指礼乐命名。偕:相符。

故钟、鼓、管、磬、羽、籥、干、戚①,乐之器也;屈、伸、俯、仰、缀、兆、舒、疾②,乐之文也。簠、簋、俎、豆、制度、文章③,礼之器也;升降、上下、周还、裼、袭④,礼之文也。

　　故知礼乐之情者能作,识礼乐之文者能述⑤。作者之谓圣,述者之谓明。明圣者,述作之谓也。

【翻译】

　　礼,是规定尊卑贵贱的差别,使人们互相尊敬的。乐,是用不同的艺术形式来影响人心,使人们互相亲近的。礼和乐用来治国安民的性质是一致的,所以都被英明的君王沿用下来。他们制礼作乐都与时势相合,为礼乐命名都与所建立的功业相符。

---

　　① 钟、鼓、管、磬:古代乐器。管,竹制长筒形乐器。磬,以玉、石或金属制成的敲击乐器。羽、籥(yuè月)、干、戚:古代舞具。羽,野鸡的羽毛。干,盾。戚,斧的一种。籥,管乐器,有吹籥、舞籥二种。吹籥状如笛,舞籥较长,舞蹈时持之吹奏。此处即指舞籥。　② 屈、伸、俯、仰:指各种舞姿。缀:指舞蹈者聚集的行列。兆:指舞蹈者行动的区域。舒、疾:指舞蹈动作的舒缓和疾速。　③ 簠(fǔ斧)、簋(guǐ轨)、俎、豆:古代祭祀或宴会时盛食物的器皿。簠、簋,盛黍稷稻粱等的容器。俎,载肉之具。豆,形如高脚盘,以盛卤酱之类。文章:指礼仪方面的各种规定。　④ 周还(xuán旋):同"周旋",指回旋的动作。裼(xī西):袒开上衣。袭:掩闭上衣。　⑤ 述:传承。

钟、鼓、管、磬、羽、籥、干、戚，都是乐的器具；屈、伸、俯、仰等姿态，舞者聚集的行列和行动的区域，舞蹈的舒缓和疾速，都是乐的表现形式。簠、簋、俎、豆等器皿和各种规定，都是礼的工具；升降、上下、回旋、袒开或掩闭上衣，都是礼的表现形式。

懂得礼乐性质的人就能制礼作乐，懂得礼乐表现形式的人就能传承礼乐。制礼作乐的人叫作"圣"，传承礼乐的人叫作"明"。"明"和"圣"，是传承和制作的意思。

乐者，天地之和也

选自《乐记·乐论篇》。礼可以建立秩序，乐可以造成和谐。制礼作乐必须适度中节，才能充分发挥其功用。

乐者，天地之和也；礼者，天地之序也。和，故百物皆化；序，故群物皆别。

乐由天作，礼以地制。过制则乱，过作则暴①。明于天地，然后能兴礼乐也。

---

① 暴：乖戾，违背正道。

论伦无患①,乐之情也;欣喜欢爱,乐之官也②。中正无邪,礼之质也;庄敬恭顺,礼之制也③。若夫礼乐之施于金石④,越于声音⑤,用于宗庙社稷,事乎山川鬼神,则此所与民同也。

【翻译】

乐,表现天地间的和谐;礼,表现天地间的秩序。有了和谐,所以万物都能化育生长;有了秩序,所以一切事物都能有所区别。

乐是根据天的道理而作的,礼是按照地的道理而制的。制礼不合度就会引起混乱,作乐不合度就会违背正道。明白天地间万物的道理,然后才能兴礼作乐。

谐和而不淆乱,是乐的精神;使人欣喜欢爱,是乐的功能。中正无邪,是礼的本质;使人庄重恭敬顺从,是礼的职能。至于用乐器使礼乐得到表现,通过声音使礼乐得以传播,在宗庙社稷中行施礼乐,用来奉祀山川鬼神,这些应用礼乐的事是统治者让人民一起来掌握的。

---

①"论伦"句:郭沫若先生认为,论伦当读为"玲珑",患即㦄(huàn㦄)漫。玲珑而不㦄漫,即和而不流的意思(见郭沫若《公孙尼子与其音乐理论》)。这里参照其说,译为"谐和而不淆乱"。 ②官:功能。 ③制:职能。 ④金石:指钟、磬之类的乐器。 ⑤越:传播。

王者功成作乐

选自《乐记·乐礼篇》。这节说明完善的礼乐必须适时合度,注重德性的教化,而不是片面追求形式或简单地因袭。

王者功成作乐,治定制礼。其功大者其乐备,其治辩者其礼具①。

干戚之舞,非备乐也。孰亨而祀,非达礼也②。

---

① 辩:通"遍",周到。 ②"干戚"四句:意思是完善的礼乐应该注重德性的教化,而歌舞和祭品只是礼乐的形式,是次要的方面。孰,"熟"的古字,烹煮。亨(pēng 烹),通"烹"。达,完善。

五帝殊时①，不相沿乐。三王异世②，不相袭礼。

乐极则忧，礼粗则偏矣。及夫敦乐而无忧③，礼备而不偏者，其唯大圣乎！

【翻译】

君王们功业成就了才作乐，天下平定了才制礼。那些功绩伟大的君王所作的乐是完备的，那些治理天下周到的君王所制的礼也是全面的。

手持干、戚的舞蹈，并不是完备的乐。烹煮牲肉食物来祭祀，也不是全面的礼。

五帝各人所处的时代不同，就不沿用前代的乐。三王各人的时代有别，就不承袭前代的礼。

作乐过度就会生出忧患，制礼不精就会发生偏失。能够做到重视乐而不发生忧患，礼制完备而不发生偏失的，大概只有伟大的圣人吧！

---

① 五帝：传说中古代的五个帝王。一说为伏羲（太昊）、神农（炎帝）、黄帝、尧、舜（见《易·系辞下》）。一说为黄帝、颛（zhuān专）顼（xū须）、帝喾（kù库）、尧、舜（见《大戴礼·五帝德》、《史记·五帝纪》）。一说为少昊、颛顼、高辛、尧、舜（见《帝王世纪》）。　② 三王：指夏禹、商汤、周文王和武王。　③ 敦：重，重视。

观其舞知其德

选自《乐记·乐施篇》。古代统治者把乐作为奖励臣下的手段，通过不同形式的音乐歌舞，可以看出其治民的功绩，这说明古人十分重视乐的教育作用。

昔者舜作五弦之琴①，以歌《南风》②。夔始制乐③，以赏诸侯。故天子之为乐也，以赏诸侯之有德者也。德盛而教尊，五谷时熟④，然后赏之以乐。故其治民劳者，

---

① 五弦之琴：古乐器，相传为舜所作，有宫、商、角、徵、羽五弦。 ②《南风》：古诗名。 ③ 夔(kuí 逵)：人名，相传为舜的乐官，后世尊为乐祖。 ④ 五谷：泛指粮食作物。

其舞行缀远①；其治民逸者，其舞行缀短。故观其舞知其德，闻其谥知其行也②。

【翻译】

　　从前舜做了五弦琴，用来伴奏着歌唱《南风》之诗。夔开始作乐，用来赏赐诸侯。所以天子作乐的目的，是用来赏赐给诸侯中有德的人。德行隆盛而尊崇教育，五谷及时成熟，然后才用乐赏赐他。所以那些治理百姓不好，使之劳苦的诸侯，为他歌舞的行列中的间隔就疏远；那些治理百姓好，使之安逸的诸侯，为他歌舞的行列中的间隔就近。所以看到赏给他的歌舞就能知道他的德行，听到给予他的谥号就能知道他生前的行为。

----

　　① 行（háng 杭）缀：行列中人所处的位置。行缀远，歌舞行列中的间隔疏远，这表示歌舞的人少。下文"行缀短"，即歌舞行列中的间隔近，则表示歌舞的人多。　② 谥（shì 是）：谥号。古代帝王、贵族、大臣等死后，根据其生前事迹给予一定的称号，即为谥号。

教者，民之寒暑也

选自《乐记·乐施篇》。作者说明礼乐教育之于人民，就像寒暑风雨一样重要，而只有适时合节地进行教育，才能发挥其功效。

天地之道，寒暑不时则疾①，风雨不节则饥。教者，民之寒暑也，教不时则伤世。事者②，民之风雨也，事不节则无功。然则先王之为乐也，以法治也，善则行象德也③。

———————
① 疾：灾害。　② 事：指制度。　③ 象：符合。

【翻译】

　　天地运行的规律,气候的冷热不按一定的时间交替就会发生灾害,风雨失去调节就会发生饥荒。教育对于人民,就像气候的冷热一样,教育不适时就有害于社会。各种制度对于人民,就好像风雨一样,制度的规定不适度就不会有功效。所以前代的君王制乐,就是用来作为治理人民的一种方法,用得适当就能使人民的行为符合道德的要求了。

乐可以善民心

选自《乐记·乐施篇》。这一节高度概括地说明了乐的社会作用。

乐也者,圣人之所乐也①。而可以善民心,其感人深,其移风易俗。故先王著其教焉②。

【翻译】

乐是圣人所喜爱的。它可以使民心向善,它能深切地感动人们的心灵,它能移风易俗。所以古代君王设立专职来从事乐教。

---

① 乐(lè 勒):喜爱。 ② 著其教:指设立乐官掌管音乐教育,如《周礼·春官》有大司乐、乐师等职。著,设立。

夫民有血气心知之性

礼记选译

选自《乐记·乐言篇》。本文说明不同的音乐可以引起人们不同的情感，强调了音乐艺术对社会风气的影响作用，具有辩证的观点。

夫民有血气心知之性①，而无哀乐喜怒之常。应感起物而动，然后心术形焉②。

是故志微、噍杀之音作③，而民思忧；啴谐、慢易、繁文、简节之音作④，而民康乐；粗厉、猛起、奋末、广贲之音

---

① 血气：指气质、性格。知(zhì 智)："智"的古字。 ② 心术：指情感。 ③ 志微：细微。噍(jiāo 焦)杀(shài 晒)：急促。 ④ 啴(chǎn 产)谐：宽舒和谐。慢易：缓慢轻松。繁文：文采华美。简节：节奏简易。

作①，而民刚毅；廉直、劲正、庄诚之音作②，而民肃敬；宽裕、肉好、顺成、和动之音作③，而民慈爱；流辟、邪散、狄成、涤滥之音作④，而民淫乱。

【翻译】

　　人有气质、性格、心智这种本性，但哀、乐、喜、怒的变化没有常规。人心受到外物的影响而激动，然后一定的情感就表现出来。

　　所以细微、急促的音乐流行时，人们听了就会忧愁；宽舒和谐、缓慢轻松、文采华美而节奏简易的音乐流行时，人们听了就感到安乐；粗犷激烈、勇猛、振奋、宏大而愤激的音乐流行时，人们听了就能够刚毅；端方、刚正、庄严而真诚的音乐流行时，人们听了就能够肃敬；宽畅、洪亮、流利而和顺的音乐流行时，人们听了就能够慈爱；放荡、散乱、疾速而过度的音乐流行时，人们听了就随之淫乱。

---

　　① 粗厉：粗犷激烈。猛起：勇猛。奋末：振奋。广贲(fèn忿)：宏大而愤激。贲，通"愤"。　② 廉直：端方。劲正：刚正。　③ 肉好(hào浩)：洪亮悦耳。顺成：流利。和动：和顺。　④ 流辟：放荡。邪散：散乱。狄(tì剔)成："成"为"戉(yuè月)"字之讹，狄戉，通"趯越"，形容声音疾速。涤滥：过度。

夫民有血气心知之性

土敝则草木不长

选自《乐记·乐言篇》。本文说明了"淫乐"对社会风气的不良影响,强调了音乐对社会政治的重要作用。

土敝则草木不长①,水烦则鱼鳖不大②,气衰则生物不遂③,世乱则礼慝而乐淫④。是故其声哀而不庄,乐而不安,慢易以犯节,流湎以忘本⑤,广则容奸⑥,狭则思

---

① 敝:指土地贫瘠。 ② 烦:动荡不宁。 ③ 气:古代哲学概念,指构成万物的物质。遂:成长。 ④ 慝(tè 特):败坏。淫:放纵无度,不合于礼。 ⑤ 流湎:放纵。忘本:失去准则。 ⑥ 广:指声音缓慢。

欲①,感条畅之气②,而灭平和之德,是以君子贱之也。

【翻译】

　　土地贫瘠草木就不能生长；水动荡不宁鱼鳖就不能长大；气衰弱了生物就不能发育成长；社会动乱了,礼就败坏,乐就放纵无度。所以它的声音悲哀而不庄重,快乐而不安定,散漫而不合节奏,放纵而没有准则,缓慢的声音包含着邪恶,急促的声音引发人的欲念,触发逆乱的风气,并毁灭人们平和的德性,所以君子是厌弃它的。

---

①　狭:指声音急促。　②　条畅:通"涤荡",逆乱。

乐行而民乡方

选自《乐记·乐象篇》。本文说明音乐艺术的好坏对社会风气和国家治乱有着截然不同的影响,而理想的"和乐"则能移风易俗,使天下安宁,所以应该提倡"和乐",排斥"淫乐"。作者评价乐的标准固然是服从于统治阶级利益的,但他认识到乐对社会的重要作用,仍有其可取之处。

凡奸声感人,而逆气应之。逆气成象,而淫乐兴焉①。

---

① 淫乐及下文的和乐是儒家乐论中两个相互对立的概念。淫乐即放纵无度的音乐,具体地说,就是流行于郑、卫等国的民间音乐。和乐即和谐适度的雅乐、古乐,例如孔子曾赞美的《韶》乐和《关雎》就是。在儒家看来,淫乐是溺于声色,不合于礼的,所以应该排斥;和乐则是符合礼义的至善至美的音乐,所以应该提倡。

正声感人,而顺气应之。顺气成象,而和乐兴焉。倡和有应①,回邪曲直②,各归其分③,而万物之理,各以类相动也。

是故君子反情以和其志④,比类以成其行⑤。奸声乱色,不留聪明⑥;淫乐慝礼⑦,不接心术;惰慢邪僻之气,不设于身体。使耳、目、鼻、口、心知百体皆由顺正以行其义⑧。然后发以声音,而文以琴瑟⑨,动以干戚,饰以羽旄,从以箫管⑩,奋至德之光⑪,动四气之和⑫,以著万物之理。

是故清明象天,广大象地,终始象四时,周还象风雨⑬。五色成文而不乱,八风从律而不奸⑭,百度得数而

---

① 倡（chàng唱）:通"唱"。和（hè贺）:相合相应。 ② 回:乖违。 ③ 分（fèn奋）:部分。 ④ 反情:根据人的性情。 ⑤ 比类:把同类的事物并列在一起,此指使"正声"与"顺气"相应和。 ⑥ 聪明:指耳朵和眼睛。 ⑦ 慝（tè特）:不正。 ⑧ 百体:身体的各个部分。 ⑨ 文:修饰。 ⑩ 从:伴随。 ⑪ 至德:最高的道德。 ⑫ 四气:指春、夏、秋、冬四时的自然现象和化育万物的机能。 ⑬ 周还（xuán旋）:同"周旋",指舞姿回旋往复。 ⑭ 八风:即八音,包括金、石、丝、竹、匏（páo袍）、土、革、木等八类乐器。钟为金,磬为石,琴瑟为丝,箫管为竹,笙竽为匏,埙（xūn熏）为土,鼓为革,柷（zhù祝）敔（yǔ雨）为木。

有常①,小大相成,终始相生,倡和清浊,迭相为经②。故乐行而伦清,耳目聪明,血气和平,移风易俗,天下皆宁。故曰:乐者,乐也③。君子乐得其道,小人乐得其欲。以道制欲,则乐而不乱;以欲忘道,则惑而不乐。是故君子反情以和其志,广乐以成其教。乐行而民乡方④,可以观德矣。

【翻译】

  凡是邪恶的声音打动了人心,逆乱的风气就会相应而生。逆乱的风气表现出来,"淫乐"就兴起了。而平正的声音打动了人心,和顺的风气就会相应而生。和顺的风气表现出来,"和乐"就兴起了。正如唱的与和的互相响应,人们乖违、邪僻、枉曲、正直等各种情志也同类相应,各有所归,而万事万物的道理,本来就是各按其类互相应和的。

  所以君子根据人的性情来和协他们的意志,以成就人们的善行。对邪恶的声音和淫乱的形色,不听也不看;对放纵无度的乐和不合礼教的事情,不使它

---

① 百度:指各种节奏。得数:合度。 ② 迭:交迭,轮流。经:常规。 ③ 乐也:乐,读lè,快乐。以下四个"乐"字均同。 ④ 乡(xiàng向):通"向"。方:正道。

进入自己的内心；对怠惰散漫和邪僻的风气，不使它在自己身上表现出来。使耳、目、鼻、口、心智等身体各部分的活动都能和顺端正地奉行礼义。然后通过声音表达出来，用琴瑟的弹奏来增饰文采，手持盾和戚来舞蹈，用羽和旄来装饰，用箫和管来伴奏，以发扬最高道德的光辉，感动四时的和气，以彰明万物发展的道理。

所以音乐的清明象征着高远的天，广大象征着博厚的地，乐曲的终而复始象征着四季，舞姿的回旋往复象征着风雨。乐舞之器五色齐备而有条不紊，八音符合音律而没有差错，节奏的变化合度而有常规，形体的大小互相补充，声音的始终互相接续，唱的、和的、清音、浊音，相互交替而形成了一定的规律。所以乐教的施行使伦理得以彰明，使人们耳目灵敏，气性平和，社会风俗也随之转变，普天之下都得到安宁。所以说：乐是使人快乐的。君子高兴的是得到道德的修养，小人高兴的是得到欲望的满足。用道德来约束欲望，就能快乐而不过度；追求欲望的满足而忘了道德，就会迷惑而失去快乐。所以君子本着人的性情以和协他们的意志，推广"和乐"来完成对人们的教化。乐教施行而民众就归向正道，由此也就可以察见君子的道德了。

唯乐不可以为伪

选自《乐记·乐象篇》。乐是精神生活的真实表现，所以只有"情深""气盛"，才能产生鲜明动人的艺术，这是丝毫也不容作假的。

德者，性之端也①；乐者，德之华也②；金、石、丝、竹③，乐之器也。诗，言其志也；歌，咏其声也；舞，动其容也。三者本于心，然后乐气从之④。是故情深而文明，气盛而化神，和顺积中，而英华发外⑤。唯乐不可以为伪。

---

① 端：正。 ② 华：光华。 ③ 金、石、丝、竹：指乐器。钟为金，磬为石，琴瑟为丝，箫管为竹。 ④ 气：通"器"。 ⑤ 英华：美好的神采，指乐的富有感染力的表现形式。

【翻译】

　　德是人性之正,乐是德的光华,金、石、丝、竹是乐的器具。诗章,表达出思想内容;歌曲,咏唱出声调;舞蹈,表演出姿态。这三者本于内心而产生,然后乐器随着进行演奏。所以感情越深厚,乐的文采就越鲜明;气势越充沛,乐的变化就越神奇;和顺之情充积在心中,美好的神采才能表现出来。只有乐是不可以作假的。

德成而上，艺成而下

选自《乐记·乐情篇》。本文论述了"德"与"艺"的关系，强调了音乐艺术的道德教育作用。

乐者，非谓黄钟、大吕、弦歌、干扬也①，乐之末节也，故童者舞之。铺筵席，陈尊俎②，列笾豆③，以升降为礼者，礼之末节也，故有司掌之④。

---

① 黄钟、大吕：乐律名。古代音乐有十二个乐调，用来作为确定乐音高低的标准音，称为十二律，即：黄钟、大吕、太簇、夹钟、姑洗(xiǎn 显)、仲吕、蕤(ruí 锐阳平)宾、林钟、夷则、南吕、无射(yì义)、应钟。弦歌：弹琴歌唱。扬：一名钺(yuè 月)，古兵器，状如大斧，也用作舞具。 ② 尊：盛酒之器。 ③ 笾(biān 边)：古代祭祀或宴会时盛食品用的一种竹器。 ④ 有司：主管具体事务的官员。

乐师辨乎声诗，故北面而弦①。宗祝辨乎宗庙之礼②，故后尸③。商祝辨乎丧礼④，故后主人。是故德成而上，艺成而下；行成而先，事成而后。是故先王有上有下，有先有后，然后可以有制于天下也。

【翻译】

乐不是仅指黄钟大吕等乐律、弹琴歌唱和手持盾牌及大斧的舞蹈，这些都是乐的末节，所以让孩子来表演舞蹈。铺设筵席，陈列尊、俎、笾、豆等器具，以升上降下的动作来表示礼仪，这都是礼的末节，所以让办具体事的官员来执掌它。

乐师只懂得乐声和诗歌，所以面向北坐着演奏。宗人、太祝只懂得宗庙中祭祀的礼仪，所以站在尸的后面掌礼。商祝只懂得丧葬的礼仪，所以站在主人的后面掌礼。因此可见道德完善的人才能处于上位，技艺熟练的人只能处于下位；品行完美的人才能居前，从事技艺的人只能在后。所以说古代君王明确了上、下、先、后的分别，然后才能为天下制定礼乐。

---

① 北面：面向北。古时君臣相见，君面向南，臣面向北，以示尊卑之别。 ② 宗祝：宗，指宗人，主持祭祀之礼的官员。祝，祭祀时执掌祝辞祈祷之事的人，这里指太祝，为祝官之长。 ③ 尸：祭主，是古代祭祀祖先时代替死者受祭的人。 ④ 商祝：熟悉商代丧礼之执掌祝事的人。

君子听音

选自《乐记·魏文侯篇》。本文具体描述了音乐给予人们的种种审美感受，同时说明欣赏音乐要听音而知其意。

钟声铿①，铿以立号，号以立横②，横以立武。君子听钟声，则思武臣。石声磬③，磬以立辨④，辨以致死⑤。君子听磬声，则思死封疆之臣⑥。丝声哀，哀以立廉，廉以立志。君子听琴瑟之声，则思志义之臣。竹声滥⑦，滥

---

① 铿(kēng坑)：钟声。 ② 横：指气势充沛。 ③ 磬：通"硁(kēng坑)"，击石声。 ④ 辨：指节义分明。 ⑤ 致死：献身效命。 ⑥ 封疆：边疆。 ⑦ 滥：指会聚多种乐音。

以立会①,会以聚众。君子听竽、笙、箫、管之声,则思畜聚之臣②。鼓鼙之声讙③,讙以立功,动以进众。君子听鼓鼙之声,则思将帅之臣。君子之听音,非听其铿锵而已也④,彼亦有所合之也。

【翻译】

　　钟发出铿铿的声音,铿铿的声音可以用来表示号令,号令可以使士气充沛,士气充沛就能激发起勇武的精神。所以君子听到钟声,就会想起武臣,石磬发出硁硁的声音,硁硁的声音可以象征节义分明,节义分明就能有献身效命的精神。所以君子听到石磬的声音,就会想起献身边疆的忠臣。丝弦的声音悲哀,悲哀的声音可以使人廉洁正直,廉洁正直就能意志坚定。所以君子听到琴瑟的声音,就会想起志向坚定的忠义之臣。竹制乐器可发出多种乐音,多种乐音表示着聚合的意义,明白聚合的意义就能聚集众人。所以君子听到竽、笙、箫、管的声音,就会想起能够聚集民众的臣僚。鼓鼙的声音喧腾,喧腾的声音可以振奋人心,人心振奋就能使大众一

---

① 会:聚合。　② 畜聚:聚集。　③ 鼙(pí 皮):军用小鼓。讙(huān 欢):喧腾。　④ 铿锵(qiāng 枪):同"铿锵",泛指乐器的声音。

起前进。所以君子听到鼓鼙的声音,就会想起领兵的臣僚。君子欣赏音乐,不仅是听它的铿锵的声音而已,更重要的是那乐声还与自己内心的情感有所应合,而能引起共鸣。

礼乐不可斯须去身

选自《乐记·乐化篇》。乐的功用在于"治心",礼的功用在于"治躬",放弃了礼乐,便无以治天下。

君子曰:礼乐不可斯须去身①。致乐以治心②,则易、直、子、谅之心油然生矣③。易、直、子、谅之心生则乐,乐则安,安则久,久则天,天则神。天则不言而信,神则不怒而威。致乐以治心者也。致礼以治躬则庄敬,庄敬则严威。心中斯须不和不乐,而鄙诈之心入之矣;外貌斯须不庄不敬,而易慢之心入之矣④。

---

① 斯须:犹须臾,形容时间极短。 ② 致:详审。 ③ 子(cí 慈):通"慈",慈爱。谅:诚信。 ④ 易慢:轻佻怠慢。

故乐也者,动于内者也;礼也者,动于外者也。乐极和,礼极顺。内和而外顺,则民瞻其颜色而弗与争也,望其容貌而民不生易慢焉。故德辉动于内,而民莫不承听;理发诸外,而民莫不承顺。故曰:致礼乐之道,举而错之天下①,无难矣。

【翻译】

君子说:礼乐一时一刻也不能离开身心。能详审地研究乐来进行道德修养,平易、正直、慈爱、诚信之心就会油然而生。有了平易、正直、慈爱、诚信之心就会快乐,快乐就会身心安宁,身心安宁就能使德行长久,德行长久就会像天一样,像天一样达到了神的境界。像天一样,就能不言而取信于民;达到神的境界,就会不怒而有威严。详审地研究乐是用来提高道德修养的。详审地研究礼来端正仪表举止就会庄重恭敬,庄重恭敬就能有威严。内心有片刻的不平和不愉快,卑鄙奸诈的心思就会进入;外貌有片刻的不庄重不恭敬,轻佻怠慢的心思就会进入。

所以乐是影响人的内心世界的,礼是端正人的仪表举止的。乐使人十分平和,礼使人极其谦顺。内心平和

---

① 错:通"措",施加。

而仪表谦顺,人民看到他的神采气色就不会与他相争,看到他的仪态也不会有轻佻怠慢的表现了。所以内心焕发出道德的光辉,人民就没有不听从他的;仪态表现出礼的原则,人民就没有不顺从他的。所以说:详审地研究礼乐的道理,用来施加于天下,就没有困难的事情了。

先王立乐之方

选自《乐记·乐化篇》。乐可以感动人心，使人向善；可以协和人们的关系，统一其意志和行动。统治者作乐的目的，就在于发挥其教化作用，使之成为辅助政治的重要工具。

夫乐者乐也，人情之所不能免也。乐必发于声音，形于动静①，人之道也②。声音动静，性术之变③，尽于此矣。故人不耐无乐④，乐不耐无形，形而不为道，不耐无

---

① 动静：指舞蹈动作。　② 道：情理。人之道，犹言人之常情。　③ 性术：思想感情。　④ 耐（néng 能）：通"能"。

乱。先王耻其乱，故制"雅颂"之声以道之①。使其声足乐而不流，使其文足论而不息②，使其曲、直、繁、瘠、廉、肉、节奏足以感动人之善心而已矣③，不使放心邪气得接焉。是先王立乐之方也。

是故乐在宗庙之中，君臣上下同听之，则莫不和敬；在族长乡里之中④，长幼同听之，则莫不和顺；在闺门之内⑤，父子兄弟同听之，则莫不和亲。故乐者，审一以定和⑥，比物以饰节⑦，节奏合以成文，所以合和父子君臣，附亲万民也。是先王立乐之方也。

故听其"雅颂"之声，志意得广焉；执其干戚，习其俯、仰、诎、伸⑧，容貌得庄焉；行其缀兆⑨，要其节奏⑩，行

---

① 雅颂：《诗经》中雅和颂两部分的合称。《乐记》作者认为，雅颂之乐是符合统治阶级道德规范的盛世之乐。 ② 息：泯灭。 ③ 瘠：简单。廉：细小。肉：洪亮。 ④ 族、长、乡、里：都是古代行政区域单位。周制：一百家为族，二百五十家为长，一万二千五百家为乡，二十五家为里。 ⑤ 闺门：指家庭。 ⑥ "审一"句：审，确定。一，指宫音。古代音乐有宫、商、角、徵（zhǐ止）、羽五个音阶，以宫音为起点，宫音确定了，其他各音也就随之而定，形成高低和谐的乐音，所以说"审一以定和"。 ⑦ 物：指各种乐器。 ⑧ 诎（qū屈）：同"屈"。 ⑨ 缀兆：缀，指舞蹈者聚集的行列。兆，指舞蹈者行动的区域。 ⑩ 要（yāo腰）：会，配合。

列得正焉,进退得齐焉①。故乐者,天地之齐,中和之纪②,人情之所不能免也。

【翻译】

　　乐是使人快乐的,是人们为了满足感情的需要所不能没有的。欢乐之情一定要用声音来抒发,通过舞蹈来表现,这是人之常情。声音和舞蹈有这样的作用,因而人们思想感情的变化,全都由它表达出来了。所以人不能没有欢乐,欢乐不能无所表现,表现出来而不符合道德,就不能不发生邪乱。古代君王憎恶世风的邪乱,所以制定了"雅颂"之乐来引导。使乐声足以令人快乐而不放纵,使乐的文辞足以明辨而不是泯灭正理,使乐的曲折、平直、复杂、简单、细小、洪亮等种种音调和节奏的变化足以感动人们的向善之心而已,而不使放纵邪恶的思想感情来影响人心。这就是古代君王作乐的原则。

　　所以在宗庙里演奏音乐,君臣上下一起听着,就没有不融洽相敬的;在族长乡里之中演奏音乐,年长和年幼的人一起听着,就没有不和顺相待的;在家庭中演奏

---

①　齐:协和统一。　②　中和:儒家的道德标准,即《礼记·中庸》所谓"喜怒哀乐之未发谓之中,发而皆中节谓之和"。中,有不偏不倚的意思;和,有和谐适度的意思。

音乐,父子兄弟一起听着,就没有不和睦相亲的。所以乐的创作,先确定宫音的高低以形成和谐的乐音,再用各种乐器配合演奏以表现乐曲的节奏,使节奏和谐适度以形成结构严密的乐章,这都是为了发挥其协和父子君臣的关系,使人民相互亲近的作用。这就是古代君王作乐的原则。

所以听到"雅颂"之乐,人们心胸就宽广了;拿着盾和戚,学习俯、仰、屈、伸等舞蹈动作,人们的仪表就庄重了;按一定的舞蹈行列和区域来行动,配合着音乐的节奏,人们的行列就端正了,进退也统一了。所以乐表现着天地间的协和统一,是中和的纲纪,是人们为了满足感情的需要所不能没有的。

师 乙 论 乐

礼记选译

即《乐记·师乙篇》。本文通过师乙同子贡的议论指出：音乐艺术同人们的性格有着密切的关系，音乐不但表现着一定的性格特征，而且对性格的培养有着重要的作用。文中还生动说明了音乐艺术随着人们表达感情的需要而产生的过程。

子贡见师乙而问焉[①]，曰："赐闻声歌各有宜也，如赐者，宜歌何也？"师乙曰："乙贱工也，何足以问所宜。请

[①] 师乙：师，乐官，乙是其名。

诵其所闻①,而吾子自执焉②。宽而静、柔而正者宜歌'颂',广大而静、疏达而信者宜歌'大雅'③,恭俭而好礼者宜歌'小雅'④,正直而静、廉而谦者宜歌'风'⑤,肆直而慈爱者宜歌'商'⑥,温良而能断者宜歌'齐'。

"夫歌者,直己而陈德也。动己而天地应焉,四时和焉,星辰理焉,万物育焉。故'商'者,五帝之遗声也,商人识之,故谓之'商'⑦;'齐'者,三代之遗声也,齐人识之,故谓之'齐'。明乎'商'之音者,临事而屡断;明乎'齐'之音者,见利而让。临事而屡断,勇也;见利而让,义也。有勇有义,非歌孰能保此⑧?故歌者,上如抗⑨,下如队⑩,曲如折,止如槁木,倨中矩,句中钩⑪,累累乎端如贯珠⑫。

"故歌之为言也,长言之也。说之⑬,故言之。言之不足,故长言之。长言之不足,故嗟叹之。嗟叹之不足,

---

① 诵:述说。 ② 吾子:表亲爱之称。执:断定。 ③ 大雅:与下文中的"小雅",都是《诗经》中雅的组成部分。 ④ 俭:谨慎。 ⑤ 风:《诗经》的组成部分。 ⑥ 肆直:坦直。商:与下文中的"齐",都是古代流传下来的诗歌名称。 ⑦ 商人:殷商之人。 ⑧ 保:安。 ⑨ 抗:举。 ⑩ 队(zhuì坠):同"坠"。 ⑪ "倨(jù巨)中"二句:倨、句(gōu钩),都指声音的曲折变化。"钩"和"矩"连言,义同"规矩",本指画圆形和方形的工具,这里引申为法则之义。二句言声音的曲折变化合于规矩。 ⑫ 累累:连续不绝。端:正,有条理。 ⑬ 说(yuè月):通"悦"。

故不知手之舞之足之蹈之也①。"

【翻译】

　　子贡去见师乙并向他请教,说道:"我听说唱什么歌都是和各自的性格相适应的,像我这样的人,适合唱什么歌呢?"师乙说:"我是个卑贱的乐工,哪里值得您来问适合唱什么歌的问题。让我重述我所听到的说法,请您自己来断定吧。那宽厚而安静、柔和而正直的人宜于歌唱'颂',心胸阔大而沉静、开朗通达而诚信的人宜于歌唱'大雅',恭顺谨慎而喜爱礼仪的人宜于歌唱'小雅',正直而安静、廉洁而谦逊的人宜于歌唱'风',坦直而慈爱的人宜于歌唱'商',温和善良而能判断是非的人宜于歌唱'齐'。

　　"唱歌是适应着自己的性情并表现其品德。歌者抒发着自己的情怀,天地都在响应着,四时随着协调地变化,星辰随着和谐地运行,万物也随着发育生长。'商'这种诗歌,是五帝时代流传下来的,商代的人们熟悉它,所以叫作'商';'齐'这种诗歌,是三代时流传下来的,齐国的人们熟悉它,所以叫作'齐'。懂得'商'歌音乐的人,遇到事情往往善于判断;懂得'齐'歌音乐的人,见到

---

① 手之舞之足之蹈之:即手舞足蹈。

利益总是让给别人。遇事善断,是勇敢的表现;见利而让,是义气的表现。这种勇敢和义气的品格,不通过诗歌怎么能表现出来呢?所以歌声能给人带来丰富的想象,当歌声昂扬向上时就如同高举,压抑向下时就如同坠落,曲折时就像折断一样,沉静时就像枯槁的木头,一切曲折变化都合乎规矩,连续不绝而有条理,就像贯穿着的一串珍珠。

"歌唱,就是延长声音来表达情感的意思。有了快乐的情感,所以要表达出来。普通的言语不足以表达,所以要延长声音来吟诵。延长声音吟诵也不足以表达,所以要加上感叹。感叹还不足以表达,所以就情不自禁地手舞足蹈起来。"

君子有三患五耻

选自《杂记下》。《杂记》主要记述丧礼的仪节,间录儒家论说礼义和有关修身治国的言论。因篇幅较长而分为上、下两部分。

在这一节,作者提出"三患"、"五耻"来告诫身居高位的"君子",强调了闻而必学,学而必行,居其位必有其言,有其言必有其行的思想。

君子有三患①:未之闻,患弗得闻也;既闻之,患弗得学也;既学之,患弗能行也。君子有五耻:居其位,无其言,君子耻之;有其言,无其行,君子耻之;既得之而又失

---

① 患:忧虑。

之，君子耻之；地有余而民不足①，君子耻之；众寡均而倍焉，君子耻之。

【翻译】

　　君子有三件事感到忧虑：对某种事物和知识还没有听到的时候，就忧虑不能听到；已经听到了，就忧虑不能学习明白；已经学习明白了，就忧虑不能去实行。君子有五件事感到可耻：处在他的位置，却没有他应有的言论，君子感到可耻；有了言论，却没有行动，君子感到可耻；已经得到的却又失掉了，君子感到可耻；土地有余而民众却不充足，君子感到可耻；他人和自己的民众多少相等，但他人的政绩却倍多于己，君子感到可耻。

---

　　①"地有"句：是说由于政治混乱、战争频繁等原因，百姓逃亡迁徙，以至土地荒芜，人口稀少。

一张一弛,文武之道也

礼记选译

选自《杂记下》。作者以拉弓为喻,说明治理民众的正确方法。文中提出"一张一弛"的道理,具有辩证的观点,值得我们借鉴。

张而不弛①,文武弗能也②;弛而不张,文武弗为也;一张一弛,文武之道也。

【翻译】

治理民众好比拉弓,只是拉紧弓弦而不放松,就连

---

① 张:拉紧弓弦。弛(chí 池):放松弓弦。 ② 文武:周文王和周武王的合称。

文王、武王也不能做到；只是放松而不拉紧，文王、武王不会这样做；只有紧张和松弛互相调节，才是文王、武王治民的方法。

入其国,其教可知也

礼记选译

选自《经解》。《经解》记载了儒家有关礼治与教化的言论。文中从"六经"的教育作用说起,简述了礼对于"安上治民"的重要意义,并探讨了礼的教化特点。

儒家把《诗》、《书》、《礼》、《乐》、《易》、《春秋》六书奉为经典,列为最重要的教科书。这一节即论述了"六经"的不同教育作用,并分析了以"六经"施教的得失。

孔子曰:"入其国,其教可知也。其为人也,温柔敦厚,《诗》教也;疏通知远,《书》教也;广博易良,《乐》教也;洁静精微,《易》教也;恭俭庄敬,《礼》教也;属辞比事①,

---

① 属(zhǔ主):连缀。

《春秋》教也。

"故《诗》之失愚①,《书》之失诬②,《乐》之失奢③,《易》之失贼④,《礼》之失烦,《春秋》之失乱。

"其为人也,温柔敦厚而不愚,则深于《诗》者也;疏通知远而不诬,则深于《书》者也;广博易良而不奢,则深于《乐》者也;洁静精微而不贼,则深于《易》者也;恭俭庄敬而不烦,则深于《礼》者也;属辞比事而不乱,则深于《春秋》者也。"

【翻译】

孔子说:"进入某个国家,观察它的风俗,就可以知道教育的得失。如果百姓的为人温柔敦厚,就是施行《诗》教的结果;如果百姓通达事理并知道远古的事情,就是施行《书》教的结果;如果百姓知识广博,品性平易而善良,就是施行《乐》教的结果;如果百姓纯洁安静而知识精深入微,就是施行《易》教的结果;如果百姓谦恭谨慎而庄重严肃,就是施行《礼》教的结果;如果百姓善于连缀辞令、排比史事,就是施行《春秋》之教的结果。

"《诗》教的偏失是使人愚蠢,《书》教的偏失是使人

---

① 失:施教不当而有偏失。　② 诬:言语虚妄不实。
③ 奢:过度。　④ 贼:伤害。

言语虚妄不实，《乐》教的偏失是使人放纵过度，《易》教的偏失是使人互相伤害，《礼》教的偏失是使人拘泥烦琐，《春秋》之教的偏失是使人发生动乱。

"如果百姓的为人既温柔敦厚又不愚蠢，就说明人君深知《诗》的道理；既通达事理并知道远古的事情，又不妄发言论，就说明人君深知《书》的道理；既知识广博，品性平易善良，又不放纵过度，就说明人君深知《乐》的道理；既纯洁安静而知识精深入微，又不互相伤害，就说明人君深知《易》的道理；既谦恭谨慎庄重严肃，又不拘泥烦琐，就说明人君深知《礼》的道理；既善于连缀辞令、排比史事，又不发生动乱，就说明人君深知《春秋》的道理。"

天子者，与天地参

选自《经解》。本文论述了礼对于统治者安民治国、建功立业的重要作用。

天子者，与天地参①，故德配天地，兼利万物，与日月并明，明照四海而不遗微小。其在朝廷，则道仁、圣、礼、义之序②；燕处③，则听"雅颂"之音④；行步，则有环佩之

---

① 参(cān 餐)：地位相等。　② 序：通"绪"，事。　③ 燕处：闲居。　④ 雅颂：《诗经》中雅和颂两部分的合称。

声①；升车，则有鸾和之音②。居处有礼③，进退有度④。百官得其宜，万事得其序。《诗》云："淑人君子，其仪不忒。其仪不忒，正是四国⑤。"此之谓也。

发号出令而民说，谓之和；上下相亲，谓之仁；民不求其所欲而得之，谓之信；除去天地之害，谓之义。义与信、和与仁，霸王之器也⑥。有治民之意，而无其器，则不成。

【翻译】

天子的地位是与天地相等的，所以他的道德能和天地相配，广泛地赐给万物利益，同日月一样明亮，普照四海而不遗漏微小的事物。他在朝廷的时候，就称说仁、圣、礼、义的事情；闲居的时候，就听着"雅颂"一类的音乐；行走的时候，身上的佩环、佩玉铿锵有节；乘车的时

---

① 环佩：指佩环和佩玉，古人佩戴着行走时发出撞击声，可以使步伐整齐有节。　② 鸾（luán 峦）和：车上的铃，鸾铃置于车辕前端的横木上，和铃置于车箱前扶手横木上，车行时发出有节奏的响声。　③ 居处：指日常生活。　④ 进退：指行动举止。　⑤ "《诗》云"四句：引自《诗经·曹风·鸤鸠》。大意为：贤人君子，他的容止没有差错。他的容止没有差错，主宰这四方的国家。淑人，贤人。仪，容止。忒，差错。四国，四方之国，指天下。　⑥ 霸王：古代诸侯之长为霸，拥有天下者为王，这里指成就霸王之业。

候,车上的鸾铃、和铃也发出有节奏的声音。他日常生活都有礼节,行动举止也讲究法度。使百官得到适当的职务,万事都按顺序进行。《诗经》说:"淑人君子,其仪不忒。其仪不忒,正是四国。"说的就是这些道理。

发出号令而民众喜悦,叫作和;上下互相亲爱,叫作仁;民众不追求想要得到的东西却能够得到它,叫作信;除去天地间的祸害,叫作义。义与信、和与仁,是成就霸王之业的工具。有治理民众的愿望,而没有这些工具,就不能获得成功。

安上治民,莫善于礼

礼记选译

选自《经解》。本文说明:只有"审礼",才能维护统治阶级的等级制度,使"贵贱有位"、"长幼有序",实现"安上治民"的目的。

礼之于正国也,犹衡之于轻重也①,绳墨之于曲直也②,规矩之于方圆也③。故衡诚悬④,不可欺以轻重;绳墨诚陈,不可欺以曲直;规矩诚设,不可欺以方圆;君子审礼⑤,不可诬以奸诈。

---

① 衡:秤。下文"衡诚悬"之"衡",指秤杆。 ② 绳墨:匠人用来校正曲直的墨线。 ③ 规矩:校正圆形和方形的器具。 ④ 诚:果真。 ⑤ 审:明悉。

是故隆礼①,由礼②,谓之有方之士③;不隆礼,不由礼,谓之无方之民。敬让之道也。故以奉宗庙,则敬;以入朝廷,则贵贱有位;以处室家,则父子亲,兄弟和;以处乡里,则长幼有序。孔子曰:"安上治民,莫善于礼④。"此之谓也。

【翻译】

礼对于治理国家,好像秤对于衡量轻重,绳墨对于校正曲直,规矩对于校正方圆一样。所以秤杆果真悬挂起来了,就不能在轻重上进行欺骗了;绳墨如果陈设着,就不能在曲直上进行欺骗了;规矩如果设置着,就不能在方圆上进行欺骗了;君子对礼了解得很透彻,就不能用奸诈的言行来欺骗他。

所以尊崇礼,奉行礼,叫作有方之士;不尊崇礼,不奉行礼,叫作无方之民。礼就是关于恭敬谦让的道理。所以依礼奉事宗庙,就会对祖先恭敬;依礼进入朝廷,就能贵贱有别,各有适当的位置;依礼在家庭生活,就会使

①隆:尊崇。 ②由:奉行。 ③有方:有道。 ④"孔子"二句:言能够用来安定在上位的人并治理好百姓的,没有什么比礼更好了。

父子亲密,兄弟和睦;依礼在乡里居处,就会使长幼之间有一定的次序。孔子说:"安上治民,莫善于礼。"就是说的这个道理。

礼之教化也微

选自《经解》。这一节着重说明礼教的特点。文中提出"差若毫厘,谬以千里"的通理,包含着辩证的思想,值得引为箴戒。

故礼之教化也微,其止邪也于未形,使人日徙善远罪而不自知也①,是以先王隆之也②。《易》曰:"君子慎始,差若豪氂,缪以千里③。"此之谓也。

---

① 徙(xǐ 洗):迁移,接近。 ② 隆:使隆盛。 ③ "《易》曰"三句:今见于《易纬·通卦验》。三句言君子当谨慎地对待事物的开始,因为开始只差一毫一厘,结果却会有千里之大的谬误。豪,通"毫"。氂(lí 离),通"氂",简化字作"厘"。缪(miù 谬),通"谬"。

【翻译】

　　礼的教化是从微小的事物开始，它在邪恶还没有显著表现的时候就加以防止，使人一天天不自觉地接近善良而远离罪恶，所以前代君王都使礼教能够隆重地实行。《易》说："君子慎始，差若毫厘，谬以千里。"就是说的这个道理。

政者，正也

选自《哀公问》。《哀公问》记载了孔子与鲁哀公论政、论礼的言论。

这一节记述孔子与鲁哀公论政。孔子认为：统治者必须首先端正己身，做出表率，才能治理好国家。

孔子侍坐于哀公①。哀公曰："敢问人道谁为大②？"孔子愀然作色而对曰③："君之及此言也，百姓之德也④！固臣敢无辞而对⑤。人道政为大。"公曰："敢问何谓为

---

① 侍：在尊者身边陪着。哀公：即鲁哀公，名蒋，鲁国国君。 ② 敢：表谦敬的副词。人道：指治民的方法、原则。 ③ 愀（qiǎo巧）然：表情改变的样子。 ④ 德：福。 ⑤ 固：所以。

政?"孔子对曰:"政者,正也。君为正,则百姓从政矣。君之所为,百姓之所从也。君所不为,百姓何从?"

【翻译】

孔子陪坐在鲁哀公身边。哀公说:"请问治民之道什么最重要?"孔子神情一变,回答说:"国君谈到这个问题,是百姓的福分啊!所以我敢于不辞让而回答。治民之道中政治最重要。"哀公说:"请问什么叫作政治?"孔子答:"政,就是正的意思。国君做得正,百姓就服从政令了。国君所做的事,正是百姓所要效法的。国君不做的事,百姓怎能效法呢?"

何 谓 敬 身

选自《哀公问》。鲁哀公向孔子请教怎样才能做到自尊,孔子认为,统治者只有严谨持身,做到"言不过辞,动不过则",成为人民的表率,才能做到自尊。

公曰:"敢问何谓敬身?"孔子对曰:"君子过言则民作辞①,过动则民作则。君子言不过辞,动不过则,百姓不命而敬恭,如是则能敬其身。"

---

① 过言:说出错误的话。下文"过动"即做出错误的事情。作辞:当作言论的典范而随声附和。

【翻译】

鲁哀公说:"请问什么是尊重自己?"孔子回答说:"君子说出错误的话,百姓也会当作言论的典范而随声附和;君子做出错误的事情,百姓也会当作行动的表率来效法。君子做到言论不发生错误,行动不违背原则,百姓不用命令就恭敬他,这样就是能尊重自己了。"

率性之谓道

选自《中庸》。《中庸》相传为孔子的孙子、曾参的学生孔伋(子思)所作,是先秦儒家论述人生哲学的著作,对后世儒学有着重要的影响。"中庸"本是孔子所提出的一种最高的道德标准,本篇即以之为题而加以发挥。篇中所论及的"性"、"命"、"诚"、"心"等概念,是孔子所罕言的,可见《中庸》是对原始儒学的发展。其后孟子(子思的再传弟子)阐扬"心"、"气"、"性"、"命"的学说,与《中庸》有密切关系,宋代程颐、程颢、朱熹进而建立理学,亦渊源于此。朱熹还把《中庸》与《礼记》中的《大学》及《论语》、《孟子》合编为《四书》。

这一节是全篇的纲领。文中对"中和"之道进行了阐释：所谓"中"，是指天所赋予人的本性的澹然静虚、无所偏倚的性质；"和"，则指人的思想感情及行为的和谐适度；顺应着天赋之性而使万事万物得到正常的秩序和发展，这就是"中和"之道的施用。由此可见，作者的"中和"之道不过是统治阶级的治国安民之道，在哲学上是属于唯心主义的。

文中还倡导"君子慎独"，就进行个人道德修养的角度而论，应该说是表现了一种严肃不苟的精神，这还是可取的。

天命之谓性，率性之谓道①，修道之谓教。道也者，不可须臾离也②，可离非道也。是故君子戒慎乎其所不睹，恐惧乎其所不闻。莫见乎隐③，莫显乎微，故君子慎其独也。喜怒哀乐之未发谓之中，发而皆中节谓之和。中也者，天下之大本也④；和也者，天下之达道也⑤。致中和⑥，天地位焉⑦，万物育焉。

---

① 率：依循。　② 须臾：片刻。　③ 见(xiàn现)：通"现"。
④ 大本：根本。　⑤ 达道：共行的常理。　⑥ 致：尽，极。
⑦ 位：安于其处。

【翻译】

　　天赋予人的叫作性，依循人的本性而行动的原则就是道，研究和实行道就是教。道，是人们一时一刻也不能离开的，假如能够离开，那就不成其为道了。所以君子在看不到别人的地方总是儆戒自己谨慎行道，在听不到外界声息的地方总是害怕自己违离了道。人的内心没有比在隐暗之处表现得更清楚的，没有比在微小的事情上暴露得更明显的，所以君子在离群独处的时候尤其能谨慎不苟。喜怒哀乐之情没有表现出来时，澹然静虚，无所偏倚，这叫作中；表现出来而都能合乎节度，这叫作和。中，是天下万物的根本；和，是天下共行的常理。极大地发挥中和的道理，天地就能安于其处，万物就能发育生长了。

舜其大知也与

选自《中庸》。文中通过对传说中的远古帝王舜的赞美，说明统治者只有行"中和"之道，才能成为道德高尚的人。

子曰："舜其大知也与①！舜好问，而好察迩言②，隐恶而扬善，执其两端③，用其中于民。其斯以为舜乎④！"

---

① 也与：表推测的语气词，犹"吧"。 ② 迩（ěr 耳）：浅近。 ③ 两端：指过与不及，即偏向两个极端的意见。 ④ "其斯"句："舜"这个称号有道德完满盛大的意思，所以作者认为，正因舜有上述美德，才把他称作"舜"。斯，此。

【翻译】

　　孔子说:"舜大概是最有智慧的人吧！他喜欢询问别人的意见,并善于分析浅近的言论,对不好的言论隐而不宣,对好的意见就进行宣传,拿偏向两个极端的意见加以比较,然后做出适中的决定贯彻到人民之中。大概这就是把他称为'舜'的原因吧！"

施诸己而不愿,亦勿施于人

选自《中庸》。本文对"忠恕"这一概念作了具体阐述。"忠恕"的含义,即文中所谓"施诸己而不愿,亦勿施于人",这与孔子所说的"己所不欲,勿施于人"是一致的(见《论语·卫灵公》)。这一思想,在阶级社会中是有其消极作用的。但文中又把"忠恕"与修身之道联系起来,强调严以责己,言行一致,则是其积极的方面。

子曰:"道不远人①,人之为道而远人,不可以为道。

---

①"道不"句:是说道不违背人的本性,即前文所谓"率性之谓道"的意思。

《诗》云:'伐柯伐柯,其则不远①。'执柯以伐柯,睨而视之②,犹以为远,故君子以人治人,改而止。忠恕违道不远③,施诸己而不愿,亦勿施于人。君子之道四,丘未能一焉:所求乎子以事父,未能也;所求乎臣以事君,未能也;所求乎弟以事兄,未能也;所求乎朋友先施之,未能也。庸德之行④,庸言之谨。有所不足,不敢不勉;有余,不敢尽。言顾行,行顾言,君子胡不慥慥尔⑤!"

【翻译】

孔子说:"道是不违背人的本性的,人要行道却违背了人的本性,就不可以行道。《诗经》中说:'伐柯伐柯,其则不远。'握着斧柄来削制斧柄,斜着眼睛看它,还以为它们离得远了,所以君子是循着人的本性来治理人民,犯了过失,改正就可以了。做到忠恕就离道不远了,施加给自己而自己不愿意的事,也不要施加给别人。君子为人的道德有四个方面,我一个也没有做到:像要求

---

①"《诗》云"二句:引自《诗经·豳风·伐柯》。大意是:手握斧柄来削制斧柄,就与样品离得不远。伐,砍削。柯,斧柄。 ②睨(nì拟):斜视。 ③违:离开。 ④庸德:常德,即不偏不倚的正中之德。下文"庸言"亦指正中之言。之:犹"是",作用是把宾语倒置于谓语之前,"庸德之行"等于说"行庸德"。 ⑤胡:怎么。慥慥(zào造):诚实的样子。

儿子所做的那样来事奉父亲,我没有做到;像要求臣下所做的那样来事奉君上,我没有做到;像要求弟弟所做的那样来事奉兄长,我没有做到;把要求朋友所做的先施加给朋友,我也没有做到。要实践中庸之德,慎择中庸之言。自己有不足之处,不敢不努力补足;有能超出常人之处,不敢尽量去做。言论既照顾到行动,行动也照顾到言论,君子怎能不是诚实的呢!"

行远自迩，登高自卑

选自《中庸》。在这一节，作者以"行远自迩，登高自卑"的比喻，说明了进行自身修养的道理。言精意深，值得体味。

子曰①："射有似乎君子。失诸正鹄②，反求诸其身。君子之道，辟如行远必自迩③，辟如登高必自卑④。"

【翻译】

孔子说："射箭的道理与君子为人之道相似。射箭

---

① 子：指孔子。　② 诸：用法同"之于"。正（zhēng 争）鹄（gǔ 古）：箭靶。　③ 辟（pì 僻）：通"譬"。迩（ěr 尔）：近。　④ 卑：低。

的人没有射中箭靶,就反过来责求自己。君子的为人之道,好比走远路,一定从近处起步;又好比登高山,一定从低处开始。"

好学、力行、知耻

选自《中庸》。本文说明治国要从修身做起。好学、力行、知耻,是一个统治者必须具备的品格。

子曰:"好学近乎知,力行近乎仁,知耻近乎勇。知斯三者,则知所以修身;知所以修身,则知所以治人;知所以治人,则知所以治天下国家矣。"

【翻译】

孔子说:"爱好学习就接近于智慧了,努力地实行就接近仁德了,知道耻辱就接近勇敢了。懂得这三层道理的人，就懂得修身的方法了；懂得修身的方法，就懂得治理人民的方法了；懂得治理人民的方法，就懂得治理天下国家的方法了。"

凡为天下国家有九经

选自《中庸》。作者以修身为本,论述了治理天下的九条原则及其实行的方法和效用。

凡为天下国家有九经,曰:修身也,尊贤也,亲亲也①,敬大臣也,体群臣也②,子庶民也③,来百工也④,柔远人也⑤,怀诸侯也⑥。修身则道立,尊贤则不惑,亲亲则诸父昆弟不怨⑦,敬大臣则不眩⑧,体群臣则士之报礼重,子庶民则百姓劝⑨,来百工则财用足,柔远人则四方

---

① 亲亲:亲近其亲族之人。 ② 体:体恤。 ③ 子:用作动词,抚爱。 ④ 来:招徕。百工:各种工匠。 ⑤ 柔:安定,安抚。 ⑥ 怀:安抚。 ⑦ 诸父:指宗族中的父辈。昆弟:兄弟。 ⑧ 眩:困惑。 ⑨ 劝:鼓励,这里是受到鼓励而努力的意思。

归之,怀诸侯则天下畏之。齐明盛服①,非礼不动,所以修身也;去谗远色,贱货而贵德②,所以劝贤也;尊其位,重其禄,同其好恶,所以劝亲亲也;官盛任使,所以劝大臣也;忠信重禄,所以劝士也;时使薄敛,所以劝百姓也;日省月试③,既廪称事④,所以劝百工也;送往迎来,嘉善而矜不能⑤,所以柔远人也;继绝世,举废国,治乱持危,朝聘以时⑥,厚往而薄来,所以怀诸侯也。凡为天下国家有九经,所以行之者一也⑦,凡事豫则立⑧,不豫则废。言前定则不跲⑨,事前定则不困,行前定则不疚⑩,道前定则不穷。

【翻译】

　　凡治理天下国家有九条原则,就是:进行自身的修养,尊重贤者,亲近亲族的人,敬重大臣,体恤群臣,抚爱平民,招徕各种工匠,安定远方的人们,安抚各国诸侯。进行自身的修养,道理就能确立;尊重贤者,就不会遇事

---

①齐(zhāi斋)明:指仪表整肃严明。盛服:衣冠修整。②货:财帛。③省(xǐng醒)、试:都是考核的意思。④既(xì戏)廪(lǐn凛):指官府供给粮食。既,通"饩"。⑤矜(jīn巾):怜悯。⑥朝聘:诸侯自己或派人入朝见天子,也指诸侯国之间的朝见。⑦一:指诚信。⑧豫:事先准备。⑨跲(jiá夹):跌倒,此指发生过失,遭受挫折。⑩疚(jiù旧):忧。

困惑；亲近族人，伯叔兄弟们就不会怨恨；敬重大臣，就不会迷误于是非；体恤群臣，他们就会尽心尽力地来报答；爱抚平民，百姓们就会勤勉；招徕各种工匠，国家的财用就能丰足；安定远方的人们，四方就会归顺；安抚各国诸侯，天下就会敬畏。使仪表整肃严明而衣冠修整，违背礼的事情就不做，这是进行自身修养的准则；不信谗言，不近女色，不重财帛而尊崇德行，这是鼓励贤者的办法；使其地位尊显，使其俸禄厚重，对同姓之亲一视同仁，这是鼓励族人相互亲爱的办法；大臣可以任使下属的官吏，这是鼓励大臣尽职的办法；对忠实诚信的人给予优厚的俸禄，这是鼓励下层官吏们尽力报国的办法；按时适当地役使并减少赋税，这是鼓励百姓效力的措施；按日按月进行考核，所供给的粮食和他们的工作相称，这是鼓励各种工匠效力的措施；送往迎来都有礼节，嘉奖有善行的，怜悯没有才能的，这是安定远方人们的方法；使已经断绝禄位的家族得以承续，恢复被灭亡的国家，平定混乱的局面，扶持危弱的国家，使诸侯按时朝见天子，诸侯还国时送以丰厚的财物，而他们来进献时只需带微薄的物品，这是安抚诸侯的方法。凡治理天下国家有上述九条原则，用来贯彻实行的态度只有一个，就是诚信。凡事情先有准备就能成功，没有准备就必定失败。发布言论先考虑妥当，就不会发生过失而遭受挫折;做事先考虑妥当,就不会遇到困难;行动之前考虑妥当,就不会发生忧虑;行路之前考虑妥当,就不会半途而废。

博学之，审问之

选自《中庸》。本文提出"博学"、"审问"、"慎思"、"明辨"、"笃行"等五条修身原则，这是古人从自身修养和治学的经验中总结出来的名言，值得我们借鉴。

博学之，审问之，慎思之，明辨之，笃行之①。有弗学②，学之弗能弗措也③；有弗问，问之弗知弗措也；有弗思，思之弗得弗措也；有弗辨，辨之弗明弗措也；有弗行，行之弗笃弗措也。人一能之，己百之；人十能之，己千

---

① 笃：全心全意。 ②"有弗"句：犹言不学则已。下文"有弗问"、"有弗思"、"有弗辨"、"有弗行"以此类推。 ③措：放弃。

之。果能此道矣,虽愚必明,虽柔必强。

【翻译】

　　对知识要广博地学习,详细地询问,慎重地思考,明晰地辨别,全心全意地实践。不学则已,既要学,不能通达就不要放弃;不问则已,既向别人请教,不明白就不要放弃;不思考则已,既思考了,不懂得就不要放弃;不辨则已,既要辨别,不明晰就不要放弃;不实行则已,既已实行,不到全心全意的地步就不要放弃。别人一次就能做到的,自己要做一百次;别人十次就能做到的,自己要做一千次。如果真能遵循这一原则来修身治学,虽是愚笨的人也一定会变聪明,虽是柔弱的人也一定会变刚强。

今夫天，斯昭昭之多

选自《中庸》。山聚土石以成其高，水汇众流以成其深。天地间的万事万物都有一个由小到大、由微至著的发展过程，道德学业的修养也是同样的道理。

今夫天①，斯昭昭之多②，及其无穷也，日月星辰系焉③，万物覆焉。今夫地，一撮土之多，及其广厚，载华岳而不重④，振河海而不泄⑤，万物载焉。今夫山，一卷石之多⑥，及其广大，草木生之，禽兽居之，宝藏兴焉。今夫

---

① 今夫（fú 扶）：语气词，用于句首，表示要发议论。 ② 昭昭：形容光亮微小。 ③ 系：依附。 ④ 华岳：指高大的山。 ⑤ 振：收聚。 ⑥ 卷（quán 拳）：通"拳"。

水,一勺之多,及其不测,鼋鼍鲛龙鱼鳖生焉①,货财殖焉②。

【翻译】

　　天,是由微小的光明累积而成的,到它无穷大的时候,日月星辰都依附在上面,万物都由它覆盖着。地,是由一撮撮土累积而成的,到它辽阔而深厚的时候,负载着高大的山岳而不以为沉重,收聚着大河大海而无所泄漏,万物都由它载负着。山,是由拳头那么小的石头累积而成的,到它宽广高大的时候,草木在上面生长,禽兽居息在里面,宝藏也在其中产生。江河,是由一勺那样少的水累积而成的,到它深不可测的时候,鼋、鼍、鲛、龙、鱼、鳖在里面生存,财物也在其中不断增多了。

---

① 鼋(yuán 元):大鳖。鼍(tuó 驼):扬子鳄。鲛(jiāo 交):传说中的一种龙。 ② 殖:增多。

君 子 之 道

选自《中庸》。本文赞颂了君子修身砺志的美德,并说明以德化民是至高无上的治国之道。

《诗》曰:"衣锦尚䌹①。"恶其文之著也。故君子之道暗然而日章②,小人之道的然而日亡③。

君子之道,淡而不厌,简而文,温而理。知远之近④,

---

① "《诗》曰"句:引自《诗经·卫风·硕人》,今本《诗经》作"衣锦褧(jiǒng 炯)衣"。此句意思是:身穿锦服,上面罩着单布衣。尚,上。䌹(jiǒng 炯),同"褧",单布衣。 ② 暗然:暗淡无光,这里有深邃蕴蓄的意思。章:彰明。 ③ 的然:光彩鲜明,这里有浅薄外露的意思。 ④ 之:用法同"与"。

知风之自①,知微之显。可与入德矣②。

《诗》云:"潜虽伏矣,亦孔之昭③。"故君子内省不疚,无恶于志④。

君子所不可及者,其唯人之所不见乎!《诗》云:"相在尔室,尚不愧于屋漏⑤。"

故君子不动而敬,不言而信。《诗》曰:"奏假无言,时靡有争⑥。"

是故君子不赏而民劝,不怒而威于铁钺⑦。《诗》曰:"不显惟德,百辟其刑之⑧。"

是故君子笃恭而天下平⑨。《诗》曰:"予怀明德,不

---

① 自:指发生的处所。 ② 与:谓,称作。入德:合于道德。 ③ "《诗》云"二句:引自《诗经·小雅·正月》。意思是:鱼虽然潜伏在水中,看上去却很明显。孔,很。昭,明显。 ④ 恶(wù务):厌弃。 ⑤ "《诗》云"二句:引自《诗经·大雅·抑》。大意是:要检省自己,独居家中的时候,应当对着屋漏问心无愧。相,看,这里有检查和反省的意思。尚,犹言"应当"。屋漏,房屋的西北角。 ⑥ "《诗》曰"二句:引自《诗经·商颂·烈祖》。大意是:在宗庙中默默无言地向祖先祷告,人们肃敬有礼,没有争执。奏假,祷告。靡,无。 ⑦ 威(wèi畏):通"畏"。铁(fū夫)钺(yuè越):指刑法。铁是铡刀,钺是大斧,都可用作刑具。 ⑧ "《诗》曰"二句:引自《诗经·周颂·烈文》。意思是:使你的道德昌明,诸侯们都来效法。不,通"丕",大。丕显,昌明。百辟,诸侯。刑,通"型",效法。 ⑨ 笃:诚实。

大声以色①。"子曰:"声色之于以化民,末也。《诗》曰:'德輶如毛②。'毛犹有伦③。'上天之载,无声无臭④。'至矣!"

【翻译】

《诗经》说:"衣锦尚䌹。"这是厌恶文采显露的意思。所以君子的道德深邃蕴蓄,看似暗淡却日益彰明;小人的道德浅薄外露,看似鲜明却日益消亡。

君子的德行,平淡无奇而不令人厌恶,质朴而文雅,温和而正直。他既知道长远的事情,也知道它和目前的事情密切相关;既看到眼前的风,也知道它生自何方;既了解微小的事物,也知道它的发展前景。像这样,就可以说是合乎道德标准了。

《诗经》说:"潜虽伏矣,亦孔之昭。"所以君子虽然不

---

① "《诗》曰"二句:引自《诗经·大雅·皇矣》。意思是:我向往文王的美德,他不注重用言语和容色来显示威严。予,我。怀,向往。明德,指文王的美德。以,与。 ② "《诗》曰"句:引自《诗经·大雅·烝民》。诗中说:"德輶如毛,民鲜克举之。"大意是:美德看来很平易,就像毛那样轻,但百姓却很少能实行。这里约引其文。輶(yóu 尤),轻。 ③ 伦:比。 ④ "上天"二句:引自《诗经·大雅·文王》。意思是:上天化育万物,是没有声音,没有气息的。载,事,此指化育万物。臭(xiù 袖),气味。

遇于世,也能独善其身,自省而不内疚,不厌弃自己的理想。

君子为常人所不能及的美德,大概只是在人所看不见的地方也能谨言慎行吧!所以《诗经》说:"相在尔室,尚不愧于屋漏。"

所以君子不用行动就能令人敬仰,不必立言就能使人信服。这正如《诗经》所说的:"奏假无言,时靡有争。"

所以君子不用奖赏而民众也能得到鼓励,不必发怒而民众感到比刑法还威严。这正如《诗经》所说的:"不显惟德,百辟其刑之。"

所以君子诚实恭敬就能使天下太平。《诗经》说:"予怀明德,不大声以色。"孔子也说:"言语和容色对于教化人民来说,只是很次要的事。《诗经》说:'德𬨎如毛。'毛虽然轻,但还是有形体可比的。《诗经》还说:'上天之载,无声无臭。'君子的道德正像天这样,是至高无上的呀!"

君子隐而显

选自《表记》。《表记》是有关道德实践的言论集。篇中就人的仪容举止、立身处世,以至为臣为君等各个方面,对若干道德准则作了具体阐述,并为统治者树立了修身治国的典范。

这一节是全篇的开端,文中对君子的品德作了概括说明。

子言之①:"归乎!君子隐而显②,不矜而庄③,不厉而威,不言而信。"

---

① 据郑玄注,本节所记述的,是孔子周游列国而未被任用时所说的话,译注即以他的说法为据。 ② 隐:指不做官。显:名声显扬。 ③ 矜:自尊自大。

【翻译】

　　孔子说:"既然不被任用,就回去吧!君子不做官也能名声显扬,不自尊自大却端庄可敬,不正言厉色却有威严,不说话却能得到信任。"

君子不失足于人

选自《表记》。本文说明君子怎样才能获得尊敬和信任。

子曰:"君子不失足于人①,不失色于人②,不失口于人③。是故君子貌足畏也,色足惮也④,言足信也。"

【翻译】

孔子说:"君子对人不做失于检点的事,对人能保持庄重的仪容,对人讲话也态度谨慎。所以君子的举止能使人敬畏,仪容能使人感到威严,言语也能使人相信。"

---

① 失足:举止不检点。 ② 失色:仪容不庄重。 ③ 失口:言语不谨慎。 ④ 惮(dàn旦):威严。

君子不自尚其功

选自《表记》。本文说明统治者应当讲求实际,谦虚谨慎,不图虚名,这样才能获得民众的尊敬。

子曰:"先王谥以尊名①,节以壹惠②,耻名之浮于行也③。是故君子不自大其事,不自尚其功④,以求处情⑤。过行弗率⑥,以求处厚⑦。彰人之善而美人之功,以求下

---

① 谥(shì 是):谥号。古代帝王、大臣等死后,根据其生前事迹给予的称号。尊名:尊显的称号。 ② 节:限制。壹惠:一种善行。 ③ 名:名誉。浮:超过。 ④ 尚:尊崇,显耀。 ⑤ 处情:符合实情。 ⑥ 率(shuài 帅):循,指按老一套做。 ⑦ 处厚:符合仁厚之德。

贤①。是故君子虽自卑,而民敬尊之。"子曰:"后稷天下之为烈也②,岂一手一足哉③!唯欲行之浮于名也,故自谓便人④。"

【翻译】

孔子说:"古代君王把尊显的称号给予死者,但又限制表彰死者的某一种善行,这是厌恶名誉超过实际的意思。所以君子不自己夸大自己的事迹,不自己显耀自己的功劳,以求符合实际情况。行动有了过失就不再按老一套做,以求符合仁厚之德。表彰人的善行并赞扬人的功业,以求做到谦恭地对待贤士。所以君子虽然谦卑自处,人民却尊敬他。"孔子又说:"对于后稷,天下继承着他所开创的业绩的,难道只是很少的人吗!只是他希望实际能超过声誉,所以自称为熟悉农业生产的人。"

---

① 下贤:谦恭地对待贤士。 ② 后稷:周代的先祖,舜的农官,有始创稼穑之功。烈:业绩。 ③ 一手一足:比喻很少的人。 ④ 便人:熟悉某种工作的人,此特指熟悉农业生产的人。

君子不以辞尽人

礼记选译

选自《表记》。本文说明君子为人应当以诚为本,做到言行相符,表里一致。这虽然是古代贤哲劝诫统治者的箴言,却含有深刻的道理,值得我们珍视。

子曰:"君子不以辞尽人①。故天下有道,则行有枝叶②;天下无道,则辞有枝叶③。是故君子于有丧者之侧,不能赙焉④,则不问其所费;于有病者之侧,不能馈

---

① 尽:当通"赆(jìn 尽)",赠送。不以辞赆人,犹今语"不送空头人情"。　② 枝叶:细节。行有枝叶,指做事细致周到。　③ 辞有枝叶:指言辞华而不实。　④ 赙(fù 富):送人财物以帮助办丧事。

焉①，则不问其所欲；有客不能馆②，则不问其所舍。故君子之接如水③，小人之接如醴④。君子淡以成，小人甘以坏。《小雅》曰：'盗言孔甘，乱是用餤⑤。'"

子曰："君子不以口誉人⑥，则民作忠。故君子问人之寒，则衣之⑦；问人之饥，则食之⑧；称人之美，则爵之⑨。《国风》曰：'心之忧矣，於我归说⑩！'"

子曰："口惠而实不至，怨灾及其身。是故君子与其有诺责也⑪，宁有已怨。《国风》曰：'言笑晏晏，信誓旦

---

① 馈(kuì愧)：赠送。 ② 馆：指安排住宿。 ③ 接：待人接物。 ④ 醴(lǐ理)：甜酒。 ⑤ "《小雅》"二句：引自《诗经·小雅·巧言》。意思是：小人的言辞很甜蜜，动乱因此日益加剧。盗，指小人。孔，很。餤(tán谈)，加剧。 ⑥ 口：指言语。誉：表扬。 ⑦ 衣(yì义)：给人衣服穿。 ⑧ 食(sì四)：给人食物吃。 ⑨ 爵：给人爵位和俸禄。 ⑩ "《国风》"二句：引自《诗经·曹风·蜉(fú浮)蝣(yóu游)》。诗的大意是谴责曹国统治者奢侈享乐而不顾人民的疾苦。这两句意思是：我忧心忡忡，哪里是我的归宿啊！文中引这两句意在告诫统治者对待臣民必须做到言行一致，否则他们就会像诗中所说的那样离心离德了。於(wū乌)，犹"哪里"。说(shuì税)，息止。归说，犹"归宿"。 ⑪ 诺责：因空有诺言而受责。

旦,不思其反。反是不思,亦已焉哉①!'"

子曰:"君子不以色亲人,情疏而貌亲,在小人则穿窬之盗也与②!"

子曰:"情欲信,辞欲巧。"

【翻译】

孔子说:"君子对人不送空头人情。所以天下有道的时候,人们就讲究实际,做事细致周到;天下无道的时候,人们就崇尚空谈,言辞华而不实。所以君子在有丧事的人旁边,如果不能送给他财物,就不问他花费钱财的事;在生病的人身边,如果不能有所赠送,就不问他需要什么;有客人的时候,如果不能安排住宿,就不问他所住的地方。所以君子待人接物的态度清淡如水,小人待人接物看上去甜蜜如醴。君子态度清淡,真诚待人,所

---

① "《国风》"五句:引自《诗经·卫风·氓》。大意是:往昔的谈笑温柔和悦,立下的誓言是那样诚恳,想不到你今天会背信弃义。既不曾想到你会背信弃义,也就这样完结了吧! 这是表达了一个被遗弃的女子对丈夫的谴责,本文借以说明君子为人当信守诺言,表里一致。晏晏,形容温柔和悦。旦旦,诚恳的样子。反,指违反誓言。是,参见《施诸己而不愿,亦勿施于人》篇注。已,完结。 ② 穿窬(yú 于):穿壁,指行窃。窬,在墙或门上打洞。

以能成事；小人表面甜蜜，虚伪待人，所以只能坏事。《小雅》有这样两句名言：'盗言孔甘，乱是用馋。'"

孔子说："如果君子不仅凭言语来表扬人，人民就会忠实于他。所以君子关心他人的寒冷，就给他衣服穿；关心他人的饥饿，就给他食物吃；赞扬他人的美德，就赐给他爵禄。《国风》中有两句诗应当引以为戒：'心之忧矣，於我归说！'"

孔子说："只是口头许人恩惠而实际没有做到，怨恨和灾祸就会及于其身。所以君子与其空有诺言而受责，宁可不许诺于人而招致埋怨。《国风》中有这样的诗句：'言笑晏晏，信誓旦旦，不思其反。反是不思，亦已焉哉！'"

孔子说："君子不用虚伪的表情亲近别人，内心疏远而表面上亲近，小人是会这样做的，这种行为就和穿壁行窃的盗贼没有两样！"

孔子说："作为君子，感情应该真实，言辞应该巧妙。"

为上易事

　　选自《缁衣》。《缁衣》记载了儒家有关治国方法的言论，内容涉及君臣关系、君民关系和君主的道德修养等方面。文中特别强调道德教化的作用，要求君主爱仁好贤、谨言慎行、为民表率，这样就可以把道德推行到整个社会，实现治国安民的理想。

　　这一节提出"易事"、"易知"作为君臣关系的准则。

　　子言之曰："为上易事也，为下易知也，则刑不烦矣。"

【翻译】

　　孔子说:"做君主的容易为他效劳,做臣下的也容易被了解,刑法就不会烦琐了。"

好贤如《缁衣》

选自《缁衣》。这一节说明统治者只有好贤恶恶,才会得到人民的拥护。

子曰:"好贤如《缁衣》①,恶恶如《巷伯》②,则爵不渎而民作愿③,刑不试而民咸服④。"

---

①《缁(zī 资)衣》:《诗经·郑风》中的篇名,诗中叙述了一个郑国贵族礼贤下士的故事。 ②恶(wù 务)恶(è 饿):憎恶丑恶的小人。《巷伯》:《诗经·小雅》中的篇名,诗中表达了对谗佞小人的愤恨和谴责。 ③渎(dú 毒):轻慢。愿:恭谨。 ④试:用。咸:都。

【翻译】

　　孔子说："如果像《缁衣》所说的那样喜爱贤者,像《巷伯》所说的那样憎恶小人,爵禄就会得到尊重而人民也会恭谨,虽然不用刑法而人民都会服从。"

夫民教之以德

礼记选译

选自《缁衣》。这一节强调了礼治德化对于治理国家的重要性。

子曰："夫民教之以德①,齐之以礼②,则民有格心③;教之以政,齐之以刑,则民有遁心④。故君民者子以爱之⑤,则民亲之;信以结之,则民不倍⑥;恭以莅之⑦,则民有孙心⑧。"

---

① 夫(fú扶):语气词,用在句首,表示要发表议论。 ② 齐:整治。 ③ 格:来,至,此指归服。 ④ 遁:逃走,此指背离。 ⑤ 子(cí慈):通"慈"。 ⑥ 倍:通"背",背弃。 ⑦ 莅(lì力):君临。 ⑧ 孙(xùn逊):通"逊",恭顺。

【翻译】

孔子说："对于人民，用道德来教育他们，用礼来整治他们，人民就会有归服之心；用政令来教育他们，用刑法来整治他们，人民就会有背离之心。所以治理民众的人用慈爱之心来爱护他们，民众就会亲近他；用诚信来团结他们，民众就不会背弃他；用恭敬的态度来统治他们，民众就会有恭顺之心。"

上之所好恶不可不慎也

选自《缁衣》。本文要求统治者谨言慎行、为民表率,说明了身教胜于言教的道理。

子曰:"下之事上也,不从其所令,从其所行。上好是物,下必有甚者矣。故上之所好恶不可不慎也,是民之表也。"子曰:"禹立三年,百姓以仁遂焉①,岂必尽仁?《诗》云:'赫赫师尹,民具尔瞻②。'《甫刑》曰:'一人有庆,

---

① 遂:通达。 ②"《诗》云"二句:引自《诗经·小雅·节南山》。意思是:显赫的太师尹氏啊,人民都在看着你。赫赫,显赫。师尹,太师尹氏,为周王朝的执政大臣。具,通"俱",都。瞻,看。

兆民赖之①。《大雅》曰：'成王之孚，下土之式②。'"

【翻译】

孔子说："臣下奉事君主，不是顺从君主口头命令的事，而是追随他自身所实干的事。君主喜爱这样东西，臣下的爱好就一定有超过他的。所以君主对于他所喜爱和厌恶的事不能不慎重，这是民众的表率呀。"孔子又说："大禹继位三年，百姓就由于遵行仁道而通达事理了，难道他们一定都有仁德吗？只是顺从大禹的教化而已。所以《诗经》中说：'赫赫师尹，民具尔瞻。'《甫刑》中说：'一人有庆，兆民赖之。'《大雅》中也说：'成王之孚，下土之式。'"

---

① "《甫刑》"二句：引自《尚书·吕刑》，《吕刑》又称《甫刑》。二句意思是：君主有善行，万民都依靠着他。庆，善。兆民，万民。 ② "《大雅》"二句：引自《诗经·大雅·下武》。意思是：成王诚信的美德，是普天之下的榜样。成王，周武王的儿子，名诵。孚，诚信。下土，普天之下。式，榜样。

王言如丝,其出如纶

礼记选译

选自《缁衣》。作者以丝、纶为喻,说明了"不倡游言"的道理,意深思远,值得引为鉴戒。

子曰:"王言如丝,其出如纶①;王言如纶,其出如綍②。故大人不倡游言③。可言也,不可行,君子弗言也;可行也,不可言,君子弗行也。则民言不危行④,而行

---

①"王言"二句:比喻君王的言论一旦发出,就会产生很大的影响。下文二句用意相同。纶(lún 轮),用丝编织的带子。 ②綍(fú 弗):牵引棺材用的绳索,比纶粗大。 ③游言:脱离实际的言论。游,犹"浮"。 ④危(guǐ 鬼):通"诡",违背。

不危言矣。《诗》云:'淑慎尔止,不愆于仪①。'"

【翻译】

　　孔子说:"如果君王的言论像丝线,它发出以后的影响却像丝带;如果君王的言论像丝带,它发出以后的影响就像大的绳索。所以君王是不提出脱离实际的言论的。虽然说出来符合道理,但实际上不能够做到,君子也就不说了;虽然按理可以实行,但不能说出来,君子也就不去做了。有了这样的表率,民众就能言论不违背行动,而行动也不违背言论了。所以《诗经》中说:'淑慎尔止,不愆于仪。'"

---

　　①"《诗》云"二句:引自《诗经·大雅·抑》。意思是:让你的举止美好而谨慎,不要在仪表上有什么过失。淑,美好。止,举止。愆,过失。

君子道人以言

选自《缁衣》。这一节仍是说明君子所以谨言慎行的道理。

子曰:"君子道人以言①,而禁人以行。故言必虑其所终②,而行必稽其所敝③。则民谨于言而慎于行。《诗》云:'慎尔出话,敬尔威仪④。'《大雅》曰:'穆穆文王,

---

① 道(dǎo导):通"导"。 ② 所终:后果。 ③ 稽:考察。所敝:结局。敝,犹"终"。 ④ "《诗》云"二句:引自《诗经·大雅·抑》。意思是:使你的言语谨慎,使你的仪容恭敬。威仪,仪容。

於缉熙敬止①。'"

【翻译】

孔子说:"君子用自己的言论引导人们,并用自己的行动禁止人们不良的行为。所以他发表言论必定要考虑实行的后果,有所施行也一定要考察它的结局。这样人民就能在言论上小心,并在行动上慎重了。所以《诗经》中说:'慎尔出话,敬尔威仪。'《大雅》中说:'穆穆文王,於缉熙敬止。'"

---

① "《大雅》"二句:引自《诗经·大雅·文王》。意为:美好庄重的文王,他的道德光明,容止恭敬。穆穆,形容仪表美好庄重。於(wū乌),叹词。缉熙,光明。止,容止。

为上可望而知也

选自《缁衣》。本文说明：君臣之间、统治者与民众之间只有同心同德，国家才治理得好。而要实现这种局面，关键在于统治者能够赏善惩恶，以忠诚仁厚之德教化人民。

子曰："为上可望而知也，为下可述而志也①，则君不疑于其臣，而臣不惑于其君矣。《尹告》曰：'惟尹躬及汤，咸有壹德②。'《诗》云：'淑人君子，其仪

---

① 述：循。志：知。 ② "《尹告》"二句：这是逸《书》中的话，见于《尚书·咸有一德》。此篇记述商汤大臣伊尹告诫汤孙太甲的言辞，所以称作《尹告》。二句意思是：伊尹自己和汤，都有纯一的道德。尹，伊尹。惟，句首语气词。躬，自身。汤，商汤。咸，都。壹德，纯一之德。

不忒①。'"

子曰:"有国者章善瘅恶②,以示民厚,则民情不贰③。《诗》云:'靖共尔位,好是正直④。'"

子曰:"上人疑则百姓惑,下难知则君长劳⑤。故君民者章好以示民俗,慎恶以御民之淫⑥,则民不惑矣。臣仪行⑦,不重辞,不援其所不及⑧,不烦其所不知⑨,则君不劳矣。《诗》云:'上帝板板,下民卒瘅⑩。'《小雅》曰:'匪其止共,惟王之邛⑪。'"

【翻译】

孔子说:"作为国君,能够表里如一,看到他的外表

---

① "《诗》云"二句:引自《诗经·曹风·鸤鸠》。大意为:贤人君子,他的容止没有差错。 ② 瘅(dǎn胆):病,这里是厌弃的意思。 ③ 贰:有二心。 ④ "《诗》云"二句:引自《诗经·小雅·小明》。意思是:恭敬地对待你的职守,喜爱这正直的人吧。靖,恭敬。共,奉。 ⑤ 长(zhǎng掌):官长。 ⑥ 御:制止。 ⑦ 仪:通"义",合于正理。 ⑧ 援:拉,引,这里是勉强别人做某事的意思。 ⑨ 烦:烦劳。 ⑩ "《诗》云"二句:引自《诗经·大雅·板》。意为:君王的行为邪僻,百姓就尽陷于困苦了。上帝,这里指周王。板板,邪僻。卒,尽。瘅,困苦。 ⑪ "《小雅》"二句:引自《诗经·小雅·巧言》。意为:臣下的容止不恭敬,就是君王的痛苦了。匪,通"非"。邛(qióng穷),痛苦。

就能知道他的内心；作为臣下，能够坦诚事君，依据他的言谈举止就能知道他的志向：这样国君就不会对臣下有疑心，而臣下也不会对国君感到困惑了。《尹告》中说：'惟尹躬及汤，咸有壹德。'《诗经》中又说：'淑人君子，其仪不忒。'"

孔子说："主宰国家的人表彰善行而厌弃恶行，以此向民众表示自己的仁厚之德，民众就不会有二心了。所以《诗经》中说：'靖共尔位，好是正直。'"

孔子说："统治者对人有疑心，百姓们就会发生困惑；民众的心意难以了解，统治者管理他们就费力了。所以统治民众的人表彰善行，以向民众昭示良好的道德风尚；谨慎地防止不良行为，以制止民众胡作非为：这样民众就不会困惑了。臣下依循正理做事，不崇尚浮华的言辞，不勉强让国君做他所办不到的事，不烦劳国君做他所不懂得的事，这样国君就不会劳累了。所以《诗经》中说：'上帝板板，下民卒瘅。'《小雅》中说：'匪其止共，惟王之邛。'"

上不可以亵刑而轻爵

选自《缁衣》。本文说明统治者只有赏罚严明，才能使政令得以施行，教化得以成功。

子曰："政之不行也，教之不成也，爵禄不足劝也，刑罚不足耻也。故上不可以亵刑而轻爵①。《康诰》曰：'敬明乃罚②。'《甫刑》曰：'播刑之迪③。'"

---

① 亵(xiè 泻)：亵渎，轻慢。 ②"《康诰》"句：引自《尚书·康诰》。意思是：要恭谨地严明你的刑罚。乃，你的。 ③"《甫刑》"句：引自《尚书·吕刑》。大意是说明刑法对于治国的重要性。文中说："今尔何鉴？非时伯夷播刑之迪？"意为：现在你们借鉴什么？不是伯夷施行法律之道吗？（伯夷，尧臣，相传为尧制定刑法。）此约引其文。播，施行。迪，道。

【翻译】

孔子说:"政令之所以不能施行,教化之所以不能成功,是因为爵禄不足以鼓励善行,刑罚不足以使恶人感到耻辱啊。所以统治者不应该亵渎刑法和轻视爵禄的赏赐。《康诰》说:'敬明乃罚。'《甫刑》说:'播刑之迪。'"

民以君为心

选自《缁衣》。本文说明了国君与民众互相依存的关系。文中把君比作心,民比作体,也透露了作者轻视民众的偏见。

子曰:"民以君为心,君以民为体。心庄则体舒,心肃则容敬。心好之,身必安之;君好之,民必欲之。心以体全,亦以体伤,君以民存,亦以民亡。"

【翻译】

孔子说:"人民把国君当作自己的心脏,国君把人民当作自己的身体。内心庄重,身体就舒展;内心严肃,仪容就恭敬。内心喜爱什么,身体必定能与之安然共处;

国君喜爱什么，民众必然也想得到。心脏靠身体而得到保全，也因身体而受到损伤；国君靠人民而生存，也因人民而灭亡。"

唯君子能好其匹

选自《缁衣》。本文是关于交友之道的格言。

子曰:"唯君子能好其匹①,小人毒其匹②。故君子之朋友有乡③,其恶有方。是故迩者不惑,而远者不疑也。《诗》云:'君子好仇④。'"

---

① 匹:指朋友。 ② 毒:危害。 ③ 乡:犹"方","类"。
④ "《诗》云"句:引自《诗经·周南·关雎(jū居)》。诗中说:"窈窕淑女,君子好逑。"意思是:美好贤淑的女子,是君子的佳偶。此约引其文,以比喻君子以贤者为友。仇(qiú求),与"逑(qiú求)"古通用,指配偶。

子曰:"轻绝贫贱①,而重绝富贵②,则好贤不坚,而恶恶不著也。人虽曰不利,吾不信也。《诗》云:'朋友攸摄,摄以威仪③。'"

【翻译】

孔子说:"只有君子才能爱他的朋友,小人只会危害他的朋友。所以君子与他的朋友自是同一类人,他所厌恶的是另一类人,总有一定的原则而不是反复无常。所以近者不会迷惑,远者也不会怀疑。《诗经》中说:'君子好仇。'"

孔子说:"如果一个人随随便便就和贫贱的朋友绝交,但与富贵的朋友绝交却难下决心,那他就不能坚定地喜爱贤德,也不能鲜明地厌弃恶行。即使他声明那不是为了谋求私利,我也是不相信的。《诗经》中说:'朋友攸摄,摄以威仪。'"

---

① 轻:轻视,不以为意。绝:断绝关系。 ② 重:重视。 ③ "《诗》云"二句:引自《诗经·大雅·既醉》。意思是:朋友们来辅佐你,他们的辅佐合乎礼仪。这里借以说明交接朋友应该敦崇道德,才合于礼。摄(shè 射),佐理。威仪,指礼仪。

君子寡言而行

选自《缁衣》。本文又一次说明了君子须言行一致的道理。

子曰:"言,从而行之,则言不可饰也;行,从而言之,则行不可饰也。故君子寡言而行①,以成其信,则民不得大其美而小其恶。《诗》云:'白圭之玷,尚可磨也。斯言之玷,不可为也②。'"

---

① 寡:少。寡言而行,即少说空话而多做实事之意。
② "《诗》云"四句:引自《诗经·大雅·抑》。意思是:白圭上的斑点,还是可以磨去的。这言论的过失,是不可以掩饰的。这里借以说明言行一致的重要性。圭,古代玉制的礼器。玷(diàn 店),白玉上的斑点。泛指缺点、过失。

【翻译】

　　孔子说:"先发出言论,随着付诸行动,人们通过行动考察其言论,言论的过失就不可能掩饰了;先有行动,随着发出言论,人们对照言论来监督其行动,行动的过失也就不可能掩饰了。所以君子少说空话而多做实事,以成就他诚信的美德,这样百姓也就不能夸大自己的美德而掩饰自己的恶行了。《诗经》中说:'白圭之玷,尚可磨也。斯言之玷,不可为也。'"

鲁哀公问于孔子

　　《礼记》中的《儒行》一篇，大概是孔子自卫国初返鲁国时的作品。篇中通过孔子和鲁哀公的谈话，对儒者的品格作了集中而有条理的阐述。《儒行》的精神及其所赞美的立身处世的态度，对后世曾经发生过深刻的影响，值得我们研讨。这里将全篇分为十九节，逐次加以介绍。

　　这一节领起全文，写鲁哀公问孔子什么是儒者的品行，引出孔子的赞述。

鲁哀公问于孔子曰："夫子之服,其儒服与①?"孔子对曰："丘少居鲁②,衣逢掖之衣③;长居宋,冠章甫之冠④。丘闻之也,君子之学也博,其服也乡,丘不知儒服。"哀公曰："敢问儒行?"孔子对曰："遽数之不能终其物⑤,悉数之乃留⑥,更仆未可终也⑦。"哀公命席⑧。

【翻译】

鲁哀公向孔子问道："您老先生所穿的衣服,大概就是所谓儒者的服装吧?"孔子回答说:"我小时住在鲁国,就穿逢掖之衣;成年以后到了宋国,就戴上章甫之冠。我听说,君子的学问是要尽可能广博一些,至于服饰那

---

①"夫子"句:鲁哀公看到孔子的衣着既与士大夫有别,也和庶人不一样(参见注③④),因而怀疑儒者有专门的、与众不同的服装,由此而发问,言辞中含有讥刺的意味。儒,指有道德有学问的人。 ②丘:孔子之名。古人自称时,仅称其名,以表谦虚。 ③逢掖:大袖的单衣。周代礼制,士大夫的礼服有表里两层,衣袖宽大。庶人穿单衣,袖子较窄。孔子见哀公时穿着大袖单衣,所以哀公感到奇怪。 ④冠:此句第一个"冠"字音guàn,动词,戴。章甫:殷人戴的一种冠。 ⑤遽(jù剧):急。数(shǔ属):说。物:事。 ⑥悉:详尽。留:久。 ⑦更(gēng庚):代换。仆:太仆,官名。当国君平日闲居接见臣下时,太仆在一旁侍候。如果接见时间较长,这位太仆疲倦了,就要由另一位来替换。 ⑧席:这里作动词,就是铺上席子。

就要入乡随乡了，我不懂得儒者还有什么专门的服装。"哀公于是说："那我就冒昧地问一下，儒者的品行是怎样的？"孔子回答说："儒者的品行表现在各个方面，如果仓促地说一下，那是说不完的。要详细地说就得用好长时间，即使说话中间您身边的太仆侍候得累了，以至轮流来奉陪，我也还是给您说不完啊。"于是哀公命令为孔子在堂上铺席，让他坐下来慢慢地说。

儒有席上之珍以待聘

这节说明儒者强学力行、怀德自立的品格,为儒行之一。

孔子侍曰:"儒有席上之珍以待聘①,夙夜强学以待问②,怀忠信以待举③,力行以待取。其自立有如此者。"

【翻译】

孔子坐在一旁说:"儒者有这样的品格:他们怀抱美

---

① 席上之珍:筵席上珍奇的食物,这里比喻美好的品德。聘:聘请任用。 ② 夙(sù 素):早。强(qiǎng 抢):努力。 ③ 举:举荐。

好的道德以等待聘任,早晚努力学习以等待咨询,怀着忠实诚信以等待举荐,努力在实践中培养美德以等待取用。他们就是这样使自己有所成就的。"

儒有衣冠中

这节说明了儒者谨细慎重、谦抑柔和的风貌,为儒行之二。

"儒有衣冠中①,动作慎。其大让如慢,小让如伪。大则如威②,小则如愧。其难进而易退也③,粥粥若无能也④。其容貌有如此者。"

【翻译】

"儒者衣着平常,而举动却谨细慎重。他们不看重利禄,对大利的推辞,显得那样从容,好像傲慢似的;对

---

① 中:适中,平常。 ②威(wēi畏):通"畏"。 ③进:指应聘为官。退:指免职离去。 ④粥粥:形容谦恭柔和。

小利的推让，也是舒缓不迫，好像故意做作似的。他们处事审慎，面临大事，仿佛畏惧似的；对待小事，也仿佛惭愧似的。他们接受聘任时谨慎持重，免职离去时却毫不迟疑，那种谦恭柔和的样子，好像没有才能似的。他们的容色神貌就是这样。"

儒有居处齐难

这节说明儒者具有恭敬信让的美德，为儒行之三。

"儒有居处齐难①，其坐起恭敬②。言必先信，行必中正。道涂不争险易之利③，冬夏不争阴阳之和④。爱其死以有待也⑤，养其身以有为也⑥。其备豫有如此者⑦。"

----

① 居处：指日常生活。齐（zhāi 斋）：严肃。难：庄重可畏。 ② 坐起：指行动举止。 ③ 涂：通"途"。险易：偏义复词，义偏在"易"，平坦。 ④ 阴阳之和：指冬天温暖之处和夏天凉爽的地方。 ⑤ 有待：等待政治清明的时候。 ⑥ 有为：指推行善道。 ⑦ 备豫：即预备。

【翻译】

　　"儒者在平时态度严肃庄重,他们的行动举止都是恭恭敬敬的。他们说话先要内心诚实无欺,行动一定要正直无邪。在道路上,不和别人争平坦好走的地方;在寒冬炎夏,也不同别人争温暖或凉爽的地方。他们爱惜自己的生命,不轻易去死,这是因为他们有所等待;保养好自己的身体,这是因为他们要有所作为。儒者就是这样作好预备的。"

儒有不宝金玉

礼记选译

这节说明为儒者"难得"、"难畜"、"易禄"的品格,为儒行之四。

"儒有不宝金玉,而忠信以为宝;不祈土地①,立义以为土地;不祈多积,多文以为富。难得而易禄也,易禄而难畜也②。非时不见③,不亦难得乎④?非义不合,不亦难畜乎?先劳而后禄,不亦易禄乎?其近人有如此者。"

【翻译】

"儒者不以金玉为宝,而以忠实诚信为宝;不求土

---

① 祈:求。 ② 畜(xù续):容留。 ③ 非时:政治不清明的时候。 ④ 不亦:表反问。

地,而树立道德当作土地;不求多积财物,而以学识广博为富有。这种人很难得,给他俸禄却没有什么麻烦;既容易给予俸禄,却又很难容留。当政治不清明的时候他们就不出来做官,这不是难得吗?不符合正义就决不苟合,这不是难以容留吗?要求自己先有功劳而后享受俸禄,这不就是容易给予俸禄吗?他们就是这样与人相处的。"

见利不亏其义

这节说明了儒者重义轻利、操守纯一、不畏艰难的品格,为儒行之五。

"儒有委之以货财,淹之以乐好①,见利不亏其义。劫之以众②,沮之以兵③,见死不更其守。鸷虫攫搏④,不程勇者⑤。引重鼎,不程其力。往者不悔,来者不豫⑥。过言不再,流言不极⑦。不断其威⑧,不习其谋。其特立有如此者。"

---

① 淹:沉溺。 ② 劫:胁迫。 ③ 沮(jǔ举):恐吓。兵:指兵器。 ④ 鸷(zhì志)虫:指凶猛的禽兽。攫(jué决)搏:搏斗。 ⑤ 程:估量。"不程勇者"就是"不程其勇"的意思。 ⑥ 豫:预备。 ⑦ 极:寻根究底。 ⑧ 威:尊严。

【翻译】

"儒者有这样的品格:别人给他财物,用人们所喜爱的东西来使他沉溺,但他不会见到利益就损害自己的道德。靠人多势重来胁迫他,用兵器来恐吓他,但他面临死亡也不会改变自己的操守。如需与凶禽猛兽格斗,他不估量自己的勇力是否相当。如需拉动沉重的大鼎,他不估量自己的力量能否承受。对已往的事情不追悔,对于将来的事情也不预先过多考虑。说了错话就不再重复,对流言不去寻根究底。从不丧失自己的尊严,遇事拿定主意就不再反复寻思。他们独特卓立的品格就是这样的。"

儒有可亲而不可劫也

这节说明了儒者刚毅的品格,为儒行之六。

"儒有可亲而不可劫也,可近而不可迫也,可杀而不可辱也。其居处不淫①,其饮食不溽②。其过失可微辨③,而不可面数也④。其刚毅有如此者。"

【翻译】

"作为儒者,可以和他友善相处而不能威胁,可以和他亲近而不能逼迫,可以杀死他而不能凌辱。他的日常

---

① 淫:放纵。 ② 溽(rù入):滋味浓厚。 ③ 微辨:委婉地批评。 ④ 面数(shǔ蜀):当面指责。

生活不恣意妄为,他的饮食也不追求浓厚的滋味。他的过失可以委婉地批评,但不能当面数说指责。他们刚毅的品格就是这样的。"

儒有可亲而不可劫也

儒有忠信以为甲胄

这节说明了儒者坚守仁义忠信而卓然自立的品格,为儒行之七。

"儒有忠信以为甲胄①,礼义以为干橹②,戴仁而行,抱义而处③。虽有暴政,不更其所。其自立有如此者。"

【翻译】

"儒者用忠实诚信作为自己的盔甲,用礼制道义作为自己的盾牌,以此来抵御他人的侵侮。尊崇着仁德来

---

① 甲胄(zhòu宙):盔甲。甲,铠甲。胄,头盔。 ② 干橹(lǔ鲁):盾牌。干,小盾。橹,大盾。 ③ 处:居处,日常生活。

行事，日常生活中也怀抱着道义。即使政局昏暗残酷，也不改变自己的操守。儒者卓然自立的品格就是这样的。"

儒有一亩之宫

这节说明了儒者清贫自守、忠正事君的品格,为儒行之八。

"儒有一亩之宫①,环堵之室②,筚门圭窬③,蓬户瓮牖④,易衣而出,并日而食。上答之⑤,不敢以疑⑥;上不答,不敢以谄⑦。其仕有如此者。"

----

① 宫:住宅。 ② 环堵:堵,土墙。古制一堵墙长高各一丈,环堵即四周各有一丈之墙,这是形容房屋狭小。 ③ 筚(bì 毕)门:荆条竹木等所编的门。圭窬(yú 鱼):墙壁上开出的门洞,上尖下方,形状如圭,故称圭窬。 ④ 蓬户:蓬草编成的门。瓮牖(yǒu 友):用破瓮做的窗户。 ⑤ 答:指采纳其言。 ⑥ 疑:异心。 ⑦ 谄(chǎn 产):阿谀奉承。

【翻译】

"儒者即使只有一亩大的宅院,住着一丈见方的屋子,用荆竹蓬草做门,用破瓮做窗,家人要交换衣服才能外出,两天只能吃一天的饭,但仍能清贫自守,忠心事君。当国君采纳他的意见的时候,他事君不敢怀有二心;当国君不纳其言的时候,他也不敢阿谀奉承以图升迁。他们做官的态度就是这样的。"

身可危也，而志不可夺也

这节说明了儒者矢志不渝、忧国忧民的高尚情操，为儒行之九。

"儒有今人居，古人与稽①。今世行之，后世以为楷②。适弗逢世③，上弗援④，下弗推，谗谄之民⑤，有比党而危之者⑥。身可危也，而志不可夺也。虽危，起居竟

---

① "儒有"二句：有感叹儒者生不逢时的意思。稽，相合。 ② 楷：楷模。 ③ "适弗"句：是说生到人间，未遇清明的时代，犹言"生不逢时"。适，到。 ④ 援：援引，提拔。 ⑤ 谗（chán 馋）谄：犹"谗佞"，指恶言毁谤和阿谀奉承。 ⑥ 比党：结伙。

信其志①，犹将不忘百姓之病也②。其忧思有如此者。"

【翻译】

"儒者虽然和今人共处，而他的志向却只与古代贤者相合。他在今世的所作所为，后世将当作楷模。他生不逢时，君主既不提拔，群臣也不举荐，那些逸佞的小人，有结成一伙来危害他的。但他人身可以受到危害，而志向是不可动摇的。虽然处在危难境地，日常举止也始终伸张着他胸中的正气，仍然不忘记百姓的疾苦。他们忧国忧民的品德就是这样的。"

① 起居：日常举止。竟：始终。信（shēn 伸）：通"伸"，伸张。 ② 病：疾苦。

儒有博学而不穷

这节说明了儒者"博学"、"笃行"、"慕贤"、"容众"的美德,为儒行之十。

"儒有博学而不穷,笃行而不倦。幽居而不淫,上通而不困①。礼之以和为贵②,忠信之美③,优游之法④。慕贤而容众,毁方而瓦合⑤。其宽裕有如此者。"

---

① 上通:通于君主,指得到任用。 ② 之:犹"则",就。 ③ 之:犹"是"。 ④ 优游:温柔平和。 ⑤ 毁方:毁掉方形之物的棱角,犹言"不露锋芒"。瓦合:瓦器破而相合,指与众人和睦相处,犹言"平易近人"。

【翻译】

"儒者广博地学习而没有终止,坚定地实行而不知疲倦。虽然隐居独处,也不会放纵自己;虽然得到任用,也不会因得意妄为而遭受困厄。实行礼就以和为贵,赞美忠实诚信的品德,效法温柔平和的风度。他仰慕贤者并宽容地对待大众,不露锋芒而平易近人。他们就是这样气度阔大。"

儒有内称不辟亲

这节说明了儒者"内称不避亲,外举不避怨"的美德,为儒行之十一。

"儒有内称不辟亲①,外举不辟怨②。程功积事③,推贤而进达之。不望其报,君得其志。苟利国家④,不求富贵。其举贤援能有如此者。"

【翻译】

"儒者举荐人材对内不避亲属,对外不避有私仇的人。通过考察功劳和总结工作,推荐贤者并使他得到提

---

① 称:举荐。辟(bì 避):通"避"。 ② 怨:有私仇的人。
③ 程:考察。积:汇集,总结。 ④ 苟:只要。

拔。他不希望被举荐的人来报答他，只求国君得到贤才的辅佐来实现治国安民的抱负。只要有利于国家，并不追求个人的富贵。他们就是这样推荐和提拔贤能之士的。"

儒有闻善以相告也

这节说明儒者"闻善相告"、"见善相示"的品格,为儒行之十二。

"儒有闻善以相告也,见善以相示也。爵位相先也①,患难相死也②。久相待也③,远相致也④。其任举有如此者。"

【翻译】

"儒者听到好的事物就告诉朋友,见到好的事物也让朋友知道。对于爵禄能互相推让,遇到危难能

---

① 相先:互相推让。 ② 相死:互为献身。 ③ 久:滞留,指友人久居下位。 ④ 远:指友人远离明君。致:召唤。

互为献身。友人久居下位,就等待他一同前进;友人远离明君,就召唤他来一起做官。他们就是这样互相举荐的。"

儒有澡身而浴德

这节说明了儒者澡身浴德、特立独行的品格,为儒行之十三。

"儒有澡身而浴德①。陈言而伏②,静而正之。上弗知也,粗而翘之③,又不急为也。不临深而为高④,不加少而为多。世治不轻,世乱不沮⑤。同弗与⑥,异弗非也。其特立独行有如此者。"

---

① 澡身而浴德:用道德洗刷掉身上的污垢,喻修养身心使德行纯洁。 ② 陈言:进言。伏:指退居。 ③ 翘:启发。 ④ "不临"句:是说地位高但不妄自尊大。临深,居高视下。 ⑤ 沮(jǔ举):沮丧。 ⑥ 与(yǔ雨):亲近。

【翻译】

"儒者能修养身心使德行纯洁。当进言以后退居等待的时候,就安静地坚守着正道。如果君王不知道他的善言正行,就略加启发,并不急于成功。他身居高位时并不妄自尊大,有了功劳也不自己夸张。他不因世道清明而轻佻,也不因世道混乱而沮丧。对意见相同的人未必与之亲近,对与自己意见不同的人也不诋毁。他们特立独行的品格就是这样的。"

儒有上不臣天子

这节说明了儒者砥砺廉隅、刚强正直的品格,为儒行之十四。

"儒有上不臣天子,下不事诸侯①。慎静而尚宽②,强毅以与人③,博学以知服④。近文章⑤,砥厉廉隅⑥。虽分国,如锱铢⑦,不臣不仕。其规为有如此者⑧。"

---

①"儒有"二句:是说如果天子诸侯昏庸无道,儒者就不做他们的官,不为他们效劳。 ②宽:指胸襟阔大,态度从容。 ③与(yǔ雨):接触,交往。 ④服:敬服。 ⑤近:爱好。文章:指礼乐制度。 ⑥砥厉:同"砥砺",磨炼。廉隅:棱角,比喻人品行端正。 ⑦锱(zī资)铢(zhū朱):古代的重量单位,一两的二十四分之一为一铢,六铢为锱,这里比喻轻微。 ⑧规为:约束自己的行为。

【翻译】

"儒者上不做昏庸天子的臣,下不为无道的诸侯效劳。谨慎安静并崇尚阔大的胸襟和从容的态度,以刚强坚定的性格与人交往,广博地学习并知道敬服前贤。他爱好礼乐制度,磨炼自己的品行,使之端方正直。即使天子分给他国土做诸侯,他也看得像锱铢那样轻微,既不称臣也不做官。他们就是这样以正道约束自己的。"

儒有合志同方

这节说明了儒者交友重道的品格,为儒行之十五。

"儒有合志同方①,营道同术②。并立则乐③,相下不厌④。久不相见,闻流言不信。其行本方立义⑤,同而进,不同而退。其交友有如此者。"

【翻译】

"儒者相互之间志同道合,实践正道的方法也相同。

---

① 合志同方:犹"志同道合"。方,道。 ② 营:实行。 ③ 并立:指一同做官。 ④ 相下:谦虚相待。 ⑤ 本方:以道为本。立义:有所建立都合于义。

他们一起做官的时候就快乐地相处,彼此谦虚相待而没有厌倦。长久不相见的时候,听到有关朋友的流言也不相信。他们的行动以道为本,有所建立也都合于正义。志向相同就一起前进,志向不同就离之而去。他们的交友之道就是这样的。"

温良者，仁之本也

这节说明了儒者以仁为本、虚怀若谷的品格，为儒行之十六。

"温良者，仁之本也；敬慎者，仁之地也；宽裕者，仁之作也①；孙接者②，仁之能也；礼节者，仁之貌也；言谈者，仁之文也；歌乐者，仁之和也；分散者，仁之施也：儒皆兼比而有之，犹且不敢言仁也！其尊让有如此者③。"

【翻译】

"温和善良，是仁德赖以滋生的根本；肃敬谨慎，是

---

① 作：举止。　② 孙(xùn 逊)：通"逊"。　③ 尊(zǔn 上声)：通"撙(zǔn 尊上声)"，自我贬损，谦虚待人。

仁德赖以成长的土地；宽舒从容，是仁德在举止上的体现；谦逊待人，是体现着仁德的才能；礼仪节制，是仁德在外貌的表现；言语谈说，是仁德外在的文采；诗歌音乐，表现着仁德的和悦；分财济贫，表现着仁德的施舍：儒者全部具备了这些美德，仍然不敢说自己已经达到了仁的境界！他们谦抑逊让的品格就是这样的。"

儒有不陨获于贫贱

这节说明了儒者贫贱不能移、富贵不能淫的气节,为儒行之十七。

"儒有不陨获于贫贱①,不充诎于富贵②,不慁君王③,不累长上④,不闵有司⑤,故曰儒。今众人之命儒也妄常⑥,以儒相诟病⑦。"

---

① 陨(yǔn允)获:困迫失意的样子。 ② 充诎(qū屈):过分欢喜而情绪失去控制的样子。 ③ 慁(hùn混):辱。 ④ 累:拘系,指困厄。长上:指卿、大夫等官员。 ⑤ 闵(mǐn敏):忧患。有司:指卿大夫以下的群吏。 ⑥ 命:命名。妄(wáng亡):通"亡",无。 ⑦ 诟(gòu够)病:嘲讽、侮辱。

【翻译】

"儒者贫贱时不因境遇艰难而意气颓丧,富贵了也不因心情欢快而趾高气扬,不因被君王、卿大夫和群吏所轻侮困迫而违背正道。有这样高尚的品格,所以才称作'儒'。现在的人们随随便便就把一个人叫作'儒',以至拿'儒'这个称号来嘲讽侮辱别人了。"

孔子至舍

　　这是最后一节,写鲁哀公听了孔子的讲述,深受感动,从此敬重儒者了。

　　孔子至舍,哀公馆之①。闻此言也,言加信,行加义。"终没吾世,不敢以儒为戏!"

【翻译】

　　孔子自卫返鲁,回到家里,哀公赐给他馆舍,并在那里同他谈了话。自从听了孔子的谈论,哀公说话更讲信用,做事更讲道义了。他说:"直到我这一辈子完结,再也不敢拿'儒'来开玩笑了!"

---

　　①"孔子"二句:这是追叙哀公与孔子谈话之前的事情。下句"闻此言也"即紧承孔子论儒的话。馆,赐给馆舍。

君子必诚其意

选自《大学》。《大学》是《礼记》一书里集中地阐述儒家的人生观和政治观的重要篇章。它所提出的由致知、正心、修己、治人而达到至善的系统观点,比起忠孝仁义的道德说教来,是在更高的层次上阐明了统治者应当如何修身治人这一宗旨。这种思想观点是宋明理学的渊源之一,朱熹特别尊崇它,称为儒家的"大道之要"(见朱熹《大学章句·序》)。他编撰《四书》时,特将此篇收入,并放在最前面。在写作上,本篇条理严谨,逻辑性较强。

这一节说明君子"慎独"对于道德修养的重要性。

所谓诚其意者:毋自欺也,如恶恶臭①,如好好色②,此之谓自谦③,故君子必慎其独也。小人闲居为不善,无所不至,见君子而后厌然④,揜其不善而著其善⑤。人之视己,如见其肺肝然,则何益矣?此谓诚于中,形于外,故君子必慎其独也。曾子曰:"十目所视,十手所指,其严乎⑥!"富润屋,德润身,心广体胖⑦。故君子必诚其意。

【翻译】

所谓使心意诚实的意思是:不要欺骗自己,厌恶丑恶的品行就像厌恶不好的气味,喜爱美好的品行就像喜爱美丽的女子,这就叫心安理得了。所以君子必须在离群独处的时候小心谨慎。小人独处的时候就做不好的事情,什么都做得出来,见了君子就遮遮掩掩,隐藏起他丑恶的行为而张扬他的善行。但人们看他自己,就像见

---

① 恶(wù 勿)恶(è 饿)臭(xiù 嗅):前一"恶"字为动词,憎恶。臭,气味。 ② 好(hào 号)好(hǎo 豪上声)色:前一"好"字为动词,喜爱。好色,指美女。 ③ 谦(qiàn 欠):满足,快意。 ④ 厌然:遮掩的样子。 ⑤ 揜(yǎn 掩):通"掩",掩藏。 ⑥ "曾子"三句:大意是:人们的眼睛都在盯着你,人们的手都在指着你,这是很严厉的呀!十,言其多,非确数。 ⑦ 胖(pán 盘):大。

到他的肺和肝一样,隐藏又有什么好处呢?这说明内心的真情实感,一定会表现出来,所以君子一定要在离群独处的时候小心谨慎。曾子说:"十目所视,十手所指,其严乎!"财富只能修饰房屋,道德才能修养身心,心地广阔,身体就壮大,所以君子一定要使他的心意诚实。

修身在正其心

礼记选译

选自《大学》。这一节指出必须克制各种感情，做到心神专注，才能达到修身的目的。

所谓修身在正其心者：身有所忿懥①，则不得其正；有所恐惧，则不得其正；有所好乐②，则不得其正；有所忧患，则不得其正。心不在焉，视而不见，听而不闻，食而不知其味。此谓修身在正其心。

【翻译】

所谓修养自身在于端正内心的意思是：本身有愤怒

---

① 忿懥(zhì 至)：愤怒。　② 好(hào 号)乐(lè 勒)：喜欢。

之情,内心就不会纯正;有恐惧之情,内心就不会纯正;有喜乐之情,内心就不会纯正;有忧虑之情,内心就不会纯正。心不在焉,就会视而不见,听而不闻,吃饭也不知道饭的味道。这就是说修养自身在于端正内心。

修身在正其心

齐其家在修其身

选自《大学》。这一节说明了"修身"对于"齐家"的重要性。

所谓齐其家在修其身者：人之其所亲爱而辟焉①，之其所贱恶而辟焉，之其所畏敬而辟焉，之其所哀矜而辟焉②，之其所敖惰而辟焉③。故好而知其恶，恶而知其美者，天下鲜矣④。故谚有之曰："人莫知其子之恶，莫知其苗之硕⑤。"此谓身不修，不可以齐其家。

---

① 之：犹"于"，对于。辟(pì 僻)：通"僻"，偏颇。 ② 哀矜(jīn 今)：怜悯。 ③ 敖(ào 傲)：通"傲"。敖惰，怠慢。 ④ 鲜(xiǎn 显)：少。 ⑤ "故谚"二句：意为人们没有谁知道自己儿子的坏处，没有谁觉得自己的禾苗长得大。

【翻译】

　　所谓整治好家族在于修养好自身的意思是：人们对于他所喜爱或轻视厌恶的人，对于他所敬畏、怜悯或看不起的人，态度往往失之偏颇。所以既喜爱一个人又知道他的坏处，既厌恶一个人又知道他的好处，天下能这样做的人太少了。所以有这样的谚语："人莫知其子之恶，莫知其苗之硕。"这就是说自身修养不好，就不能整治好他的家族。

治国必先齐其家

礼记选译

选自《大学》。这一节阐述了"齐家"与"治国"的关系。

所谓治国必先齐其家者：其家不可教，而能教人者，无之，故君子不出家而成教于国。孝者，所以事君也；弟者①，所以事长也；慈者，所以使众也。《康诰》曰："如保赤子②。"心诚求之，虽不中③，不远矣。未有学养子而后

---

① 弟（tì替）：通"悌"，弟弟顺从兄长。　②"《康诰》"句：引自《尚书·康诰》。大意是说：要像抚养婴儿那样把民众治理好。保，抚养。　③ 中（zhòng众）：正好，正对上。

嫁者也①。一家仁,一国兴仁;一家让,一国兴让;一人贪戾,一国作乱:其机如此②。此谓一言偾事③,一人定国。尧、舜率天下以仁,而民从之;桀、纣率天下以暴,而民从之;其所令反其所好,而民不从。是故君子有诸己,而后求诸人;无诸己,而后非诸人。所藏乎身不恕,而能喻诸人者,未之有也。故治国在齐其家。《诗》云:"桃之夭夭,其叶蓁蓁。之子于归,宜其家人④。"宜其家人,而后可以教国人。《诗》云:"宜兄宜弟⑤。"宜兄宜弟,而后可以教国人。《诗》云:"其仪不忒,正是四国⑥。"其为父子兄弟足法,而后民法之也。此谓治国在齐其家。

【翻译】

所谓治理好国家必须先整治好家族的意思是:如果

---

①"未有"句:是说母亲养育子女,是出于内心的爱,而不是学来的。治人之道,犹如养子,应以诚心为本。 ②机:事情变化的由来。 ③偾(fèn愤):败坏。 ④"《诗》云"四句:引自《诗经·周南·桃夭》。这四句用茂盛的桃花比喻女子,歌唱她出嫁后能宜于家人。文中引此,只在截取"宜其家人"之意。夭夭,形容美丽旺盛。蓁蓁(zhēn真):茂盛的样子。之,这个。子,古时男女均可称"子",这里是指女子。于归,出嫁。宜,适宜。 ⑤"《诗》云"句:引自《诗经·小雅·蓼萧》。大意是说能当好兄长,当好弟弟。 ⑥"《诗》云"二句:引自《诗经·曹风·鸤鸠》。意为:他的容止没有差错,主宰这四方的国家。

连家族中的人也教育不好,却能教化民众,这种人是没有的,所以君子不出家门就能在全国成就他的教化。孝,是用来事奉君主的;悌,是用来事奉长者的;慈,是用来役使民众的。《康诰》中说:"如保赤子。"母亲内心怀着挚爱以求满足婴儿的欲望,即使做不到恰如其分,也相差不远。没有学会养育孩子然后再出嫁的。君主使自己的家人具备了仁爱之德,全国的民众都会随之追求仁爱;君主使自己的家人懂得谦让,全国的民众都会随之讲究谦让;君主贪婪乖戾,全国的人就会作乱:事情的由来就是这样。这就是说君主一言可以败事,一人可以使国家安定。尧、舜用仁德统率天下,民众就随之追求仁德;桀、纣以暴虐统率天下,民众就随之凶暴作乱;如果君主命令百姓做的不是君主自己所爱好的,百姓就不会遵从。所以君子只有自身具备了美德,然后才能要求他人;自身没有恶德,然后才能责备他人。自己怀着不宽容他人的心,却能使别人懂得宽容,这种人是没有的。所以说治理国家在于整治好自己的家族。《诗经》中说:"桃之夭夭,其叶蓁蓁。之子于归,宜其家人。"能宜于家人,然后才可以教化全国的民众。《诗经》中说:"宜兄宜弟。"能当好兄长,当好弟弟,然后才可以教化全国的民众。《诗经》中还说:"其仪不忒,正是四国。"他为父、为子、为兄、为弟值得效法,然后民众才效法他。这就是说治理国家在于整治好自己的家族。

《古代文史名著选译丛书》编纂始末①

马樟根　安平秋

今年1月,《古代文史名著选译丛书》已经出到100种101册(其中《史记》为2册)。4月份,最后的33种也已交稿。这样,全书133种即将呈献在读者面前。② 一项服务当前、造福子孙的普及优秀古代文化、进行爱国教育的大工程将宣告完工了。回想

---

①《古代文史名著选译丛书》由全国高校古籍整理研究工作委员会主持,古委会直接联系的18个古籍整理研究所为主要承担机构,章培恒、安平秋、马樟根任主编。本文于1992年4月,在《中国典籍与文化》杂志发表时题目是《衣带渐宽终不悔——〈古代文史名著选译丛书〉编纂始末》。这次将此文作为2011年修订版附录时,去掉原正标题,以原副标题为正式题目。　②至1994年4月最后定稿时,全书为135部。2011年修订版出版时,全书为134部。

这一套丛书动员18所院校,投入100余人,从1985年筹划,1986年起步,到今天已度过了六七年的岁月,个中甘辛令人难以忘怀。

一、北大·苏州·北大
——酝酿与筹划

编纂这样一套丛书,起因于1981年7月。当时陈云同志派人到北京大学召开了小型座谈会。来人告诉与会人员陈云同志最近在考虑两个问题:一个是粮食,一个是古籍整理。对古籍整理,特别讲到陈云同志说:"整理古籍,为了让更多的人看得懂,仅作标点、注释、校勘、训诂还不够,要有今译,争取做到能读报纸的人多数都能看懂。有了今译,年轻人看得懂,觉得有意思,才会有兴趣去阅读。今译要经过选择,要列出一个精选的古籍今译的目录,不要贪多。"这就是后来收入《陈云文选》的那段话。1981年9月,中共中央关于整理我国古籍的文件中一字不差地强调了这段话。1983年,教育部成立了全国高校古籍整理研究工作委员会(简称古委会)。古委会主任周林同志根据中央和陈云同志意见,提出了组织力量今译古籍。但在当时,经过"文革"后的古籍整理工作百废待兴,加之一些学者对今译重要性的认识远非今日之深,这一工作一拖便是两年。

1985年5月,全国高校古委会在苏州召开了一届二次会议。周林同志在会上作了"人才培养和古代文化遗产普及问题"的专题发言,他分析了"解放三十多年来,由于'左'的路线干扰,特别是'文化大革命',几乎使我们的民族文化到了中断的边缘,出现了对古代文化知之不多,或知之甚少的状况",要教育界的同志"做好普及古代文化知识的工作",搞好古籍的今注今译就是其中的一项重要任务,"高校古委会要在这方面多下功夫","高校古籍研究所无疑应担负起这个任务"。他针对当时一些人轻视古籍的今注今译思想,呼吁"我们对于选本、今译等有利于教育普及的东西,应承认它的学术价值","《昭明文选》、《唐诗三百首》、《古文观止》等是地道的选本,流传几百年,发生那么大的影响,能说没有水平?""专家们深入浅出的在对古文献研究基础上的译注,对普及古代优秀文化作出重大贡献,算不算高水平的成果呢?""古文既要译得恰当、准确,又要通畅易懂,难度是很大的","为了社会主义精神文明建设,古籍整理这方面也要作出应有的贡献"。一石激浪,沉寂了几年的今译古籍的话题又重新活跃起来。会上作了一番认真讨论。

　　经过这样的酝酿,1985年7月,全国高校古委会科研项目评审组的专家们聚集在北京大学勺园,筹划编纂一套古籍今译的精选本。初步定名为《古籍今译丛书》,议定了收书范围、内容,开列了65种书的选目。并决定由科研项目专家评审组召集人、复旦大学古籍所所长章培恒教授和参加过陈云同志在北大召开座谈会、当时古委会主管科研工作的副秘书长安平秋同志共同负责,与秘书处同志一起具体筹划。经几个月的筹备,决定由古委会直接联系的18个高校古籍研究所承担这一工作,组成编委会,并开列出89种书的选目,对选译的进度、规划亦作了设计。此时,几家出版社闻讯而至,表示愿意出版这套丛书。最早与我们联系的巴蜀书社的段文桂社长以其强烈的事业心和对古籍今译的高度重视感动了我们,于是决定邀请巴蜀书社编辑参加第一次编委会议。

二、从柳浪闻莺到桂子山上
　　——第一批书稿的产生

　　第一次编委会于1986年5月在杭州柳莺宾馆

召开。宾馆因位于西湖十景之一的柳浪闻莺而得名。全国高校18个研究所的24名学者和有关人员聚集在这风景胜地,无心观柳,亦无从闻莺,紧张地工作了三天。会上确定了这套普及读物的读者对象是具有中等以上文化程度的广大群众,收书范围是中国历代文史名著,在名著之中选精。所选书目,在原拟89种基础上,调整为116种,以形成系统性。书中选篇之下分提示、原文、今译、注释四部分,以译文为主,书前有一前言,书中加入必要的插图。每一种书约10—15万字。书名确定为《古代文史名著选译丛书》。即由到会的24位学者组成丛书编委会①,由章培恒、马樟根、安平秋三人任主编。于是,编委会立即分成三个工作小组,在会上分头拟出丛书《凡例》、《编写、审稿要求》和《文稿书写格式》,经讨论修改而形成了正式文字以供遵循。在

---

① 编委会成员按姓氏笔划排列为:
马樟根　平慧善　安平秋　刘烈茂　许嘉璐　李国祥
金开诚　周勋初　宗福邦　段文桂　董治安　倪其心
黄永年　章培恒　曾枣庄(以上为常务编委)
王达津　吕绍纲　刘仁清　刘乾先　李运益　杨金鼎
曹亦冰　常绍温　裴汝诚(以上为编委)

自报的前提下,会上确定了由18个研究所承担前40部书的今译任务,要求当年年底完成。古委会主任、丛书顾问周林同志对编委会的认真精神、紧张工作和显著效率十分赞赏,他说:"有这样一个编委会,有这样一个阵容来做选译,使中国历史文化不成为专属于少数人的知识,使能看报纸的人都读懂自己民族的名著,从而树立爱国主义、建设有民族特色的精神文明,其意义之深远将会在今后愈益显露出来。"于是,有1000余万字的大工程便从这里开始了。

当年年底各研究所的今译书稿经作者完成后,由在该所的编委审改,到1987年5月和7月,先后在复旦大学、北京大学两次召开编委审稿会。这种审稿会,说是审稿,实际上是边审边改,字斟句酌,每部书稿必须经一位编委、一位常务编委审改把关,经过这样两道工序,汇总到主编手中,40部书稿通过了25部。其中部分书稿赶印了样稿征求意见。于是周林同志于7月6日在北大临湖轩邀请了在京十几位专家与正在审稿的编委一起研究样稿,探讨如何提高这套今译丛书的质量。

根据编委审稿发现的问题和在京专家们的意

见,丛书亟需在已定体例的框架中条列细则;而出版单位巴蜀书社又希望所出版的第一批书为50种以便形成格局,需要布置各研究所承担新的今译任务。这样,1987年10月在华中师范大学再次召开了编委会,又请了詹锳、周振甫、刘乃和、郭预衡等先生到会指导。

  这次编委会是在审看了40部书稿后,发现了一大批问题亟待解决,又是在需要布置下一步任务的状况下召开的,是一次承上启下的编委会。会议初期人们的心情和会上的气氛都带有一股子严峻与急切。会议从5日到8日开了三天半。但是在4日晚上开预备会的时候,主编章培恒先生尚未到会,亦无他是否已从上海出发的信息。5日上午就要开会了,主编不到怎么行呢?5日一早,我们还在沉睡之中,忽听有人敲门,进来的竟是章培恒!一向风神儒雅、衣装考究的章培恒先生,此时却是一身尘灰、满脸疲惫地站在我们面前。原来他从上海出发前,未能买到机票或船票,而上海到武汉又没有直达火车,只好先从上海坐火车到长沙,为了不误5日上午开会,他只好买了一张无座票,夜间从长沙出发一直站到武昌。一向走路辨不清方向的章培恒竟然在夜色未退之前一人从车站摸到了华中师大专家楼,也算是奇迹。

　　这次编委会,从体例的具体要求、书中选篇是否合适、每篇中的提示如何写、注释的繁简和语言的通俗性,到今译的信达雅如何把握,例如李白的"床前明月光,疑是地上霜,举头望明月,低头思故乡"这样通俗的诗是否要翻译,在在都有热烈的争论。感谢编委们的努力和学术判断力,最后终于形成了一个《细则》,一切争论都统一在这个《细则》之上。编委们在思想明确、分得新的任务之后,显出了少有的轻松与喜悦。会议结束正逢中秋节,华中师大的专家楼坐落在武昌桂子山上。入夜,桂子山上举行了赏月茶会,几张方桌,围坐着全体编委和特邀到会专家。天上明月如盘,清辉洒地,眼前桂树葱茏,桂花飘香,华中师大古籍研究所的青年们活跃席间,引得王达津先生即席赋诗,刘乃和先生清唱京戏。这气氛预示着《古代文史名著选译丛书》克服了当前的困难,第一批50种书稿有如母腹中的胎儿,快要降生了。

三、华清池畔的愁云与人民大会堂的欢欣
——第一批书出版的柳暗花明

　　1988年10月,编委们再一次聚会,审定第一批

50种中的最后十几部书稿、修改第二批50种中的大量书稿。这次审稿是在"东枕华山、西拒咸阳"的骊山脚下、华清池滨的一家招待所。这里古朴而不豪华,食宿低廉却又实惠,审稿之余,左近有风景可观,有古迹可寻,房内有43℃的温汤沐浴,编委们平日在校教学、科研工作劳累而生活清苦,如今有这样的环境与条件,感到少有的惬意。我们作为主编觉得这也是对编委们两年来辛勤编书的一点补偿。但这种适意之感很快就被两件事所驱散。一件事是书稿的质量。几十部书稿交来,一经审看,从注译到体例完全合格的只有寥寥可数的三四部,余下的,或需小改,或需大改,或根本不合格需退回重作。另一件事是出版发行成了问题。到会的巴蜀书社副社长黄葵同志向大家通报了即将印出的16本书征订情况,最多的为2000册,且只有一种,其他的只有800册、600册,甚至还有200余册。征订不佳,销路不畅,出书要赔钱,出版社为难,编委们又无计可施。此时哪还有心思去观赏"骊山云树郁苍苍,历尽周秦与汉唐"?也无心绪登上骊山,在烽火台前怀古。且正值"楼台八月凉"的节令,只有华清池畔秋雨飘零,秋风瑟瑟,落叶满地,不禁愁从中来。

愁则愁，还得面对现实。书稿质量不高，靠到会近20位编委十余天的逐字逐句修改，终于改定合格17部。至于出版发行问题，巴蜀书社的朋友费心经营，重新设计了封面，改进装帧，将第一批50种装成一个大礼品盒，成盒出售。从中又得到了国家新闻出版署、四川省出版局、国家教委有关司局和各省市教委的大力支持与帮助，发行面得以扩大，到了1990年下半年，首印的17000套书销售已尽，而问讯、索购者不绝，出版社决定再印30000套以供读者需要。中央领导了解到这套丛书受到读者欢迎，欣然为丛书题辞，江泽民总书记的题辞是"做好我国古代文史名著的传播普及工作，使其古为今用，以发扬爱国主义精神"，李鹏总理的题辞是"弘扬民族优秀文化，激励爱国主义精神"。李瑞环同志也为丛书题了辞。

1990年8月22日在北京人民大会堂召开了《古代文史名著选译丛书》出版座谈会。国家领导人李铁映、胡乔木、李德生、陈丕显、廖汉生、王汉斌、王光英出席，古委会主任周林同志主持会议，到会各阶层代表在发言中从不同角度肯定了这套书对促进青少年了解历史、了解国情、了解中华民族优秀传统文化、进行爱国主义教育的作用。时值盛夏,却逢喜雨,洗却了编委和出版社同志心中的忧虑,参加大会堂座谈会的13名常务编委会后又聚集在北京大学讨论深入认识编纂这套丛书的重大意义,研究审改好第二批书稿的具体措施。

四、从舜耕山庄耕作到乐山脚下
——第二批书稿审定之艰辛

　　第二批书稿50种50册,是1987年10月布置的。1988年10月在西安审改合格的17部书稿都已放入第一批中以替换原已通过的第一批中质量较差的书稿。这样,第二批书稿当时余下的已完成的有20余部,却都不合格,只能要求译注者和编委再行修改。一年之后,编委会汇总来重新改好和新译注交来的第二批书稿44部,1989年10月于济南千佛山下的舜耕山庄召开了常务编委审稿会。

　　这次审稿,发现的问题较多。有的选目不当,如有的史书重要人物的传不选却选入无关紧要而又无学习价值的人物传,有的名家的文章名篇不选却选入既无文学价值又无借鉴意义的篇章。有的选译所依据的底本不当,舍弃现有的精校本却用校勘不善的本子。有的虽有根据地改动正文却只在注释中说"原作……据别本改",而不指明据何本改。有的注释过繁,不利于一般读者阅读;有的注释极简,该注释的地方不注,使广大读者看了译文仍无法理解全文的精妙;而更多的是注释不准确,对一字一词增字为训而歪曲了原意的毛病也较普遍。译文问题更多,有的语义不清,佶屈聱牙,把"三顾频烦天下计,两朝开济老臣心"译为"三顾茅庐频烦为天下大计,两朝事业开济尽老臣忠心",有的为追求通俗生动把"君何往"中的"君"译为"老兄"。每篇的提示,有的写得很长变成了文章赏析,有的虽短却不中肯綮,用了类似"文革"期间的语言扣几顶大帽子了事。看这样的稿子都觉头痛,改这样的稿子更感艰难。审稿历时12天,参加审稿、当时63岁的黄永年先生向我们诉苦:"头发掉了一把!"有的编委说,千佛山古称历山,传说舜在这里开垦耕耘,十分艰辛,我们住在舜耕山庄,预示着我们为这套丛书垦荒笔耕,也要历尽千辛。这次审稿,经过审改之后,有10部书稿合格,有11部需会后再作小的修改方能通过,余下的均需作大的改动或另请人译注。

这次审稿还研究了所选戏曲部分的曲辞如何今译问题,如规定了念白中出现的诗句只注不译,上、下场诗只注不译,注而不译的文字在译文中应予保留以便参读。

到1990年12月,丛书常务编委在广州研究丛书如何体现批判继承精神、如何提高第二批书稿质量时,又有18部书稿完成交来。为了保证书稿质量,使1991年上半年召开的常务编委审稿会得以顺利进行,我们三个主编从广州匆匆赶到北京,用了一周时间审看了这18部书稿,通过了7部,11部退改。当我们看完最后一部书稿碰头研究时,已是12月31日。在1990年一年内,我们仅仅通过了这7部书稿。加上1989年在舜耕山庄通过的10部,也仅有17部,尚差33部方足第二批的50部。

1991年5月,常务编委来到古称嘉州的乐山市,在乐山山腰的八仙洞宾馆继续审改第二批书稿。改稿时间只有十天,要力争将50部推出,其繁重可知。我们在改稿过程中,不禁想到明万历年间嘉州知州袁子让的诗句"登临始觉浮生苦",想到这套丛书从起步到这次审改已历时5年,当初怎么也没有想到完成这套丛书会是如此的艰辛,真是登临始觉笔耕苦啊!

　　这次乐山审稿,通过了13部书稿。好在余下的20部书稿只须小改即可在会后交稿,终于在1991年8月将这20部书稿全部改定交巴蜀书社。第二批50部历时近四年终于定稿了。

五、在金陵古都作光辉的一结
——第三批书稿的完成

　　1990年12月据出版社的要求,这套丛书出齐当为150种,到乐山会上又修正为110种至125种,最后数字的确定根据最后一次审稿结果而定,合格的即入选,不合格的不再修改选入。根据这一共识,今年4月中旬,我们一部分常务编委聚集到六朝古都南京,从已经交来的35部书稿中选择经小改合格的书稿。经过十一天的劳作,选择、改定33部,由到会的常务编委、巴蜀书社的段文桂总编和编委、巴蜀书社的刘仁清副编审带回成都,将经由他们的继续辛苦而使《古代文史名著选译丛书》以133部、1500万字之数呈献给热爱中华文化的读者。

　　这套丛书从1986年5月起步,历时整整六年,平日繁细工作不计,仅编委大小审稿会就开了12次之多。丛书的发起人、顾问、古委会主任周林同志先后参加了8次审稿会,每次都自始至终和大家在一起,听取审稿情况,了解遇到的问题;当我们遇到困难的时候他为我们鼓劲,当我们感到欣喜的时候他提醒我们不可大意。这次他又和我们一起来到虎踞龙蟠的石头城下,为我们督阵,看我们能否为这套丛书作出光辉的一结。

此时此刻,我们与这次会议的东道主、丛书常务编委、南京大学的周勋初先生漫步在中山陵旁,想到今译丛书已基本完成,自然感到如释重负,但理智却使我们不敢轻松,我们期待着全书133部出齐之后专家、读者的评头品足。

1992年4月26日

(原载《中国典籍与文化》1992年第1期)

古代文史名著选译丛书(修订版)总目

丛书主编:章培恒　安平秋　马樟根

书　名	译注者		审阅者		定价/元
老子注译	张玉春	金国泰	安平秋		16.00
庄子选译	马美信		章培恒		18.00
荀子选译	雪　克	王云路	董治安	许嘉璐	19.00
申鉴中论选译	张　涛	傅根清	董治安		18.00
颜氏家训选译	黄永年		许嘉璐		15.00
论语注译	孙钦善		宗福邦		28.00
孟子选译	刘聿鑫	刘晓东	黄　葵		20.00
墨子选译	刘继华		董治安		14.00
韩非子选译	刘乾先	张在义	黄　葵		19.00
新序说苑选译	曹亦冰		倪其心		25.00
论衡选译	黄中业	陈恩林	许嘉璐		22.00
管子选译	缪文远	缪　伟	董治安		18.00
列子选译	王丽萍		周勋初	倪其心	19.00
韩诗外传选译	杜泽逊	庄大钧	董治安		24.00
盐铁论选译	孙香兰	刘光胜	黄永年		13.00
诗经选译	程俊英	蒋见元	刘仁清		19.00
楚辞选译	徐建华	金舒年	金开诚		15.00
贾谊文选译	徐　超	王洲明	安平秋		17.00
司马相如文选译	费振刚	仇仲谦	安平秋		11.00
文心雕龙选译	周振甫		黄永年		17.00
庾信诗文选译	许逸民		安平秋		18.00

书 名	译注者		审阅者		定价/元
嵇康诗文选译	武秀成		倪其心		18.00
谢灵运鲍照诗选译	刘心明		周勋初		18.00
陈子昂诗文选译	王 岚		周勋初	倪其心	14.00
李白诗选译	詹 锳	等	章培恒		22.00
高适岑参诗选译	谢楚发		黄永年		23.00
元稹白居易诗选译	吴大逵	马秀娟	宗福邦		21.00
柳宗元诗文选译	王松龄	杨立扬	周勋初		18.00
李贺诗选译	冯浩菲	徐传武	刘仁清		20.00
杜牧诗文选译	吴 鸥		黄永年		14.00
李商隐诗选译	陈永正		倪其心		19.00
唐五代词选译	亦 冬		董治安		16.00
唐文粹选译	张宏生		周勋初		18.00
晚唐小品文选译	顾歆艺		平慧善		15.00
黄庭坚诗文选译	朱安群	等	倪其心		18.00
辛弃疾词选译	杨 忠		刘烈茂		24.00
元好问诗选译	郑力民		宗福邦		20.00
宋四家词选译	王晓波		倪其心		16.00
黄宗羲诗文选译	平慧善	卢敦基	马樟根		15.00
吴伟业诗选译	黄永年	马雪芹	安平秋		20.00
方苞姚鼐文选译	杨荣祥		安平秋		20.00
明代散文选译	田南池		马樟根		22.00
顾炎武诗文选译	李永祜	郭成韬	刘烈茂		23.00
张衡诗文选译	张在义 韩格平	张玉春	刘仁清		16.00
汉诗选译	张永鑫	刘桂秋	金开诚		19.00

书 名	译注者		审阅者		定价/元
阮籍诗文选译	倪其心		刘仁清		15.00
三曹诗选译	殷义祥		刘仁清		22.00
诸葛亮文选译	袁钟仁		董治安		16.00
陶渊明诗文选译	谢先俊	王勋敏	平慧善		16.00
杜甫诗选译	倪其心	吴鸥	黄永年		17.00
王维诗选译	邓安生	等	倪其心		20.00
刘禹锡诗文选译	梁守中		倪其心		20.00
孟浩然诗选译	邓安生	孙佩君	马樟根		18.00
韩愈诗文选译	黄永年		李国祥		20.00
欧阳修诗文选译	林冠群	周济夫	曾枣庄		20.00
曾巩诗文选译	祝尚书		曾枣庄		19.00
苏轼诗文选译	曾枣庄	曾弢	章培恒		23.00
李清照诗文词选译	平慧善		马樟根		15.00
陆游诗词选译	张永鑫	刘桂秋	黄葵		24.00
朱熹诗文选译	黄珅		曾枣庄		20.00
文天祥诗文选译	邓碧清		曾枣庄		20.00
袁枚诗文选译	李灵年	李泽平	倪其心		20.00
王安石诗文选译	马秀娟		刘烈茂	宗福邦	18.00
二程文选译	郭齐		曾枣庄		25.00
范成大杨万里诗词选译	朱德才	杨燕	董治安		26.00
萨都剌诗词选译	龙德寿		曾枣庄		28.00
王阳明诗文选译	吴格		章培恒		18.00
徐渭诗文选译	傅杰		许嘉璐	刘仁清	17.00
李贽文选译	陈蔚松	顾志华	李国祥	曾枣庄	17.00

书 名	译注者		审阅者	定价/元
三袁诗文选译	任巧珍		董治安	17.00
王士禛诗选译	王小舒	陈广澧	黄永年	13.00
龚自珍诗文选译	朱邦蔚	关道雄	周勋初	13.00
尚书选译	李国祥 谢贵安	刘韶军 庞子朝	宗福邦	14.00
礼记选译	朱正义	林开甲	宗福邦	22.00
左传选译	陈世铙		董治安	22.00
国语选译	高振铎	刘乾先	黄葵	22.00
战国策选译	任重	霍旭东	李国祥	21.00
吕氏春秋选译	刘文忠		董治安	17.00
吴越春秋选译	郁默		倪其心	19.00
史记选译	李国祥 张三夕	李长弓	安平秋	29.00
汉书选译	张世俊	任巧珍	李国祥	22.00
后汉书选译	李国祥 彭益林	杨昶	许嘉璐	24.00
三国志选译	刘琳		黄葵	18.00
晋书选译	杜宝元		许嘉璐	15.00
宋书选译	漆泽邦	孔毅	李国祥	19.00
南齐书选译	徐克谦		周勋初	18.00
北齐书选译	黄永年		安平秋	16.00
梁书选译	于白		周勋初	17.00
陈书选译	赵益		周勋初	17.00
南史选译	漆泽邦		安平秋	22.00
北史选译	刁忠民		段文桂	20.00

书　名	译注者		审阅者		定价/元
周书选译	黄永年		安平秋		15.00
魏书选译	杨世文	郑　晔	周勋初		22.00
隋书选译	武秀成	赵　益	周勋初		20.00
新唐书选译	雷巧玲	李成甲	黄永年		16.00
旧唐书选译	黄永年		章培恒		16.00
新五代史选译	李国祥 姚伟钧	王玉德	周勋初		18.00
旧五代史选译	贾二强		黄永年		17.00
宋史选译	淮　沛	汤　墨	曾枣庄		20.00
辽史选译	郭　齐	吴洪泽	曾枣庄		21.00
金史选译	杨世文 李文泽	祝尚书 王晓波	曾枣庄		21.00
元史选译	樊善国	徐　梓	马樟根		25.00
明史选译	杨　昶		李国祥		20.00
清史稿选译	黄　毅		章培恒		22.00
贞观政要选译	裴汝诚	王义耀	黄永年		18.00
史通选译	侯昌吉	钱安琪	周勋初		16.00
资治通鉴选译	李　庆		黄永年		16.00
续资治通鉴选译	徐光烈		安平秋		24.00
通鉴纪事本末选译	谈蓓芳		章培恒		21.00
洛阳伽蓝记选译	韩结根		章培恒		22.00
梦溪笔谈选译	李文泽		曾枣庄		20.00
徐霞客游记选译	周晓薇	等	黄永年	马樟根	17.00
宋代笔记小说选译	朱瑞熙	程君健	金开诚等		19.00
关汉卿杂剧选译	黄仕忠		刘烈茂		24.00

书　名	译注者		审阅者		定价/元
明代文言短篇小说选译	黄　敏		章培恒		23.00
六朝志怪小说选译	肖海波	罗少卿	刘仁清		21.00
世说新语选译	柳士镇	钱南秀	周勋初		23.00
水经注选译	赵望秦 张艳云	段塔丽	许嘉璐		19.00
唐人传奇选译	周　晨		曾枣庄		24.00
唐五代笔记小说选译	严　杰		周勋初		21.00
大慈恩寺三藏法师传选译	贾二强		黄永年		18.00
宋代传奇选译	姚　松		周勋初		22.00
聊斋志异选译	刘烈茂 欧阳世昌		章培恒		22.00
阅微草堂笔记选译	黄国声		安平秋		16.00
清代文言小说选译	王火青		周勋初		23.00
历代名画记图画见闻志选译	周晓薇	赵望秦	黄永年		17.00
容斋随笔选译	罗积勇		宗福邦		20.00
唐才子传选译	张　萍	陆三强	黄永年		24.00
西厢记选译	王立言		董治安		20.00
元代散曲选译	彭久安		刘烈茂	金开诚	21.00
日知录选译	张艳云	段塔丽	黄永年		22.00
桃花扇选译	张文澍		章培恒	段文桂	15.00
牡丹亭选译	卓连营		章培恒		14.00
长生殿选译	戚海燕		董治安		20.00